今泉 智樹

クライアントの信頼を深め　心を開かせる

カウンセリングの技術

CounselingTechniques

同文舘出版

はじめに

多くの人があきらめるカウンセラーへの道

今、インターネット検索を使って、「心理カウンセラー」と検索すると、「心理カウンセラー資格」「心理カウンセラーになるには」などとたくさんのスクールや講座が出てきます。

そして実際、いろいろなスクールで、たくさんの人が心理カウンセリングを学んでいます。私自身も過去にいろいろなスクールで学ばせていただきました。

たくさんの仲間と一緒に学ぶカウンセリング。先生の話を必死でメモを取りながら聞き、そして、仲間と一緒に何度も何度もカウンセリングの練習をしました。本当に楽しかった。そして、本当に勉強になりました。でも、当時一緒に勉強していた仲間で、今もカウンセラーとして活躍している人は本当に少ない。高い受講料を払い、半年、1年と通ったにもかかわらず、途中であきらめてしまうのです。なぜ、そんなことが起こるのでしょうか?

ある日、当時一緒に勉強していた友人と会う機会がありました。そこでたずねてみたのです。「カウンセリングをやっていないみたいだけど、どうしたの?」と。すると、彼の口から、「まだ自信がなくて……」という答えが返ってきました。スクールを卒業し、心理カウンセラーの認定証はもらったものの、実際に、クライアントを集めるとなると、どうしてもためらってしまう。

「やろうやろうと思いながら、時間ばかりが経ってしまって、もう今さら……」「スクールの中で、カウンセリングのロールプレイングをしていたときはよかったけれど、実際にクライアントを集めるとなると、何を話していいのか、頭が真っ白になって……」

偉そうに書いていますが、実は、私もまったく同じだったのです。初めて通ったカウンセリングスクール。1年ぐらい通ったでしょうか。その後、認定証をいただき、先生からは「とにかく、カウンセリングをやることが大切です。どんどんクライアントを集めてください」。そう言われたにもかかわらず、「まだできない」「自分がクライアントを集めるなんて……」。そうやってカウンセリングから逃げていました。そして、また違うスクールに通い始めるのです。

私は、そうやってたくさんのスクールに通いました。でも、どこに行っても、自分のカウンセリングに自信を持つことはできませんでした。なぜなら、「だって、こんなクライアントが来たらどうすればいいんだろう?」「こんな相談をされたらどうすればいいの?」。クライアントが100人いたら、100通りの悩みがあります。だから、いつまで経っても勉強が終わらないし、自分のカウンセリングに自信が持てない。

当時の私にとって、カウンセリングは本当に難しいものだったのです。

でも、本当にカウンセリングは難しいものなのでしょうか？　クライアントが100人いたら100通りのやり方が必要なのでしょうか？

カウンセリングは簡単

今考えると、私はカウンセリングを始めた当初、心理カウンセリングというものを大きく勘違いしていたように思います。「100人いたら、100通りのやり方がある――カウンセリングとはそういうものである」。そう思っていたのですが、実は、これが大きな勘違いだったのです。たしかに、人の悩みは百人百様です。どんなに仲がよくても、考え方が同じでも、兄弟でも双子でも夫婦でも、みんな一人ひとり違う経験をして今があるのです。誰一人、自分とまったく同じ経験をしている人はいません。だから、悩むポイントも人それぞれなのです。

当時の私は、そんなさまざまな悩みを持つクライアントに対して、何か役に立つアドバイスをしようとしていました。「心理学的に言うと……」。そんなアドバイスを行なうことで、クライアントに喜んでもらいたい。悩みを解決してもらいたい。でも、今ならわかります。そんなアドバイスや経験則では、人は変わらないのです。悩みも解決できません。

これまで、たくさんのクライアントと話してきてわかったことは、すべての悩みの原因はクライアント自身の中にあるということです。そして、クライアントの中にあるその原因が見つかったとき、クライアントに大きな変化が現われます。だから、カウンセラーはただそれを引き出すだけでいいのです。

自分の中にある悩みの原因が見つかったとき、人は本当に癒され変わることができるのです。

ということで、この本では、私がこれまでのたくさんのカウンセリング経験の中で身につけたクライアントの悩みの原因を見つける方法をお伝えしたいと考えています。

私はこの方法に気づいたとき、自分のカウンセリングが大きく変わったことを実感しました。

そして、クライアントの反応もまったく違うものになりました。

でも、それは決して難しいテクニックなどではありません。ひとつのパターンを繰り返すことで、クライアントの悩みの原因が浮き彫りになる、そんな簡単な方法なのです。

もっと必要なカウンセラー

あなたが今この本を手に取ったということは、きっとあなたはカウンセリングに興味を持っている方でしょう。でも、こうしてカウンセリングに興味を持つという人は決して多くはありません。心理カウンセリングなんて自分には関係がない、そんな世界で生きていくのが一般的だと思います。実際に日本では、まだまだ「カウンセリングは病んだ人が受けるもの」――そんな認識があるように思います。でも、本当は病んでから受けるようなものではなく、自分のメンテナンスとして、誰でも・いつでも・気軽に受けることができるようにしなければならない。私はそう考えています。そして、そのためには、やはりもっともっとカウンセラーが必要なのです。

あなたは今、こうして心理カウンセリングに興味を持ってこの本を読んでいる。ということは、きっとあなたは選ばれた人だと思います。そんなあなたが、私のように遠回りしてカウンセリングスキルを手に入れるのではなく、もっと簡単に・素早く自信を手に入れることができるよう、この本でしっかりとサポートさせていただきたいと思っています。

あなたのカウンセリングを待っている人は必ずいます。ぜひ、あきらめずに一緒に進んでいきましょう。

今泉智樹

2017年4月

クライアントの信頼を深め　心を開かせる　カウンセリングの技術　目次

4章 カウンセリングの事前準備 81

5章 カウンセリングの進め方 111

装丁・春日井恵美／DTP・マーリンクレイン

1章

間違いだらけのカウンセリング理論

聞き方がわかってもカウンセリングはうまくいかない

私が、初めて心理カウンセリングを学び、カウンセラーの認定証をいただいたとき、そのスクールの代表の先生から、「とにかくカウンセリングをたくさんやってください」と言われました。「実践が大切である」と。これはよく聞く言葉だと思います。カウンセラーとなって、受講生にも教えるようになってからは、当然のように私も、「とにかく実践が大切です」と伝えています。

これは、間違いのない事実です。やはり、どんなことでもそうなのでしょうが、実践を積んでいかないとスキルアップはできません。

でも、スクールを卒業してすぐの私は、「実践しろと言われても……」と、どうしていいのかまったくわかりませんでした。たしかに講座の中では、たくさんのことを学びました。潜在《せんざい》意識《いしき》、顕在《けんざい》意識《いしき》、自我状態、ラケット感情、本物の感情……でも、実際にクライアントのお話を聞いていると、そんな話にはならないのです。

自分のことを認められない。これからどう生きていけばいいのかわからない。夫婦関係がうまくいっていない。優柔不断な自分を卒業したい。仕事が続かない。自分に自信がない。人の目が怖い……クライアント一人ひとり、悩んでいることが違うのです。それを、どうしたら解決できるのだろうか?

まったく自分のカウンセリングに自信を持てなかった私は、すぐにいろいろな本を読みあさりました。すると、そこには、聞き方のコツが書いてあるのです。「沈黙が大切だ」「相手にしっかりと時間を与えることが大切です」と。それを読んで、じゃあ黙ってクライアントにしゃべらせよう。そう思っても、なかなかクライアントは話してくれません。しーんとした空気が、よけいにクライアントを寡黙にするのです。

それでも中には、よくしゃべるクライアントもいます。こちらが黙っていると、話し慣れた感じで、自分の悩みを話し始めます。自分がどんなに苦しいのか。自分がどんなにかわいそうな人なのか。会社の上司がどれだけ嫌なやつなのか。ご主人がどんなにひどい人なのか……。もう、すでに何度もいろいろな人に相談したその内容は洗練され、アドバイスでもしようものなら、「いや、そんなことしても……」「私は悪くないんです。でも……」と不安がクライアントを襲い、どうすればいいのかわからなくなって、「先生どうすればいいのでしょうか?」と、最後には、カウンセラーに意見を求めるのです。

「相づちを打ちなさい」「相づちのバリエーションを増やしなさい」。相づちを打つのは、相手の話を聞いているという信号であり、うまく相づちを打つことで相手の心を開くことができる。本にはそう書いてありました。

早速、「なるほど」「そうなんですね」「うんうん」「へー」「えっ」……いろいろなバリエーションを準備し、クライアントの話を聞こうと努力する。でも、結果は一緒なのです。ひとしきり自分のペースで話したクライアントは、最後に「先生、どうすればいいのでしょうか？」と。「話を繰り返しなさい」「話をまとめなさい」「沈黙が大切だ」「評論家になってはいけない」などなど。話はこういうふうに聞きなさい、という聞き方を使っても、なかなかクライアントの悩みの解決には到達しません。

いや、正確に言うと、このカウンセリングの基本の聞き方がしっかりとできていれば、それだけでもクライアントの話をきちんと聞くことはできるのです。しかし、この基本の「やり方」には、その土台となるものが必要なのです。ただ、この「やり方」だけを学んでも、クライアントの心の奥深くには入っていくことはできないのです。

さて、もし、こんなクライアントがあなたに相談に来たら、あなたはどう話を聞くでしょうか？

「実は今、銀行で働いているのですが、うちの部署に私とまったく合わない人がいるんです」「その人は、私と同じ預金の係なのですが、すごく仕事が遅くて。そして、いつも失敗ばかりで……」「先日も、オペレーションミスがあって、みんなで必死に原因を探したのですが、その人は、私には関係ありませんというような顔をしていて……」「でも、結局その子が間違えていたんです。でも彼女、自分が失敗したってわかっても、反省する様子もなくて……」「見ていてイライラしたので、私つい文句を言ってしまったんです」

「そうしたら、そんな私に対して『こわ〜い』って」「本当に頭に来て、上司に相談したんですが、その上司も全然話を聞いてくれなくて。もう私、悔しくて悔しくて……これからどうしていけばいいのか？」「先生、私は何も悪くないのに、何でこんな思いをしなければならないのでしょうか？　私どうすればいいでしょうか？」

さて、いかがでしょうか？　あなたならカウンセリングの基本を使って、このクライアントの悩みを解決できそうですか？

では、よくあるカウンセリングの基本の聞き方を整理してみましょう。

①「沈黙」が基本……聞くためには、相手にしっかりと時間を与える

②「相づち」を打つ……相づちを打つことで、聞いてくれていると実感できる

③「話を繰り返す」……自分の言った言葉を繰り返してもらうことで、自分を客観的に見ることができる

④「話をまとめる」……話を整理してもらうことで、しっかりと自分の話を聞いてもらえている気持ちになる

この四つの基本を使って、今の相談を聞いてみましょう。

クライアント「実は今、銀行で働いているのですが、うちの部署に私とまったく合わない人がいるんです」

カウンセラー「合わない方がいらっしゃるんですね」

クライアント「その人は、私と同じ預金の係なのですが、すごく仕事が遅くて。そして、い

つも失敗ばかりで……」

カウンセラー「そうなんですね。いつも失敗ばかりなんだ」

クライアント「先日も、オペレーションミスがあって、みんなで必死に原因を探したのですが、その人は私には関係ありませんというような顔をしていて……」「でも、結局その子が間違えていたんです。でも彼女、自分が失敗したってわかっても、反省する様子もなくて……」

カウンセラー「そうなんですね。また失敗して、でも反省する様子もなかったのですね」

クライアント「そうなんです。だから、それを見ていてイライラしたので、私つい文句を言ってしまったんです。そうしたら、そんな私に対して『こわ〜い』って」「本当に頭に来て、上司に相談したんですが、その上司も全然話を聞いてくれなくて。もう私、悔しくて悔しくて……これからどうしていけばいいのか？」

カウンセラー「そんなことがあったのですね。『こわ〜い』って言われたんだ。そして、あなたの上司も話を聞いてくれなかった。悔しかったのですね」

クライアント「先生、私は何も悪くないのに、何でこんな思いをしなければならないのでしょうか？　私どうすればいいでしょうか？」

カウンセラー「……」

いかがでしょうか？　相づちを打ち、話をまとめながら、繰り返す。カウンセリングの基本の聞き方をしています。でも、最後に「私どうすればいいのでしょうか？」そう聞かれたとき、あなたなら何と答えるでしょうか？

カウンセリングの経験を積んでいくと、こういう流れにはまずなりません。そして、仮に「私どうすればいいのでしょうか？」と聞かれたとしても、きちんと対応は可能です。しかし、スクールを卒業したばかりのカウンセリング初心者だと、この基本の繰り返しだけでは、なかなかクライアントの心の奥底へ到達することは難しいのです。

カウンセリングはケース・バイ・ケースではない

人の悩みは、100人いれば100通りある。これは、たしかにその通りだと思います。一人ひとり悩んでいる内容は違います。たとえば、同じように夫婦関係がうまくいっていないという相談でも、その人によって悩みの内容はまったく違うのです。当たり前のことですが、だから、カウンセリングはケース・バイ・ケースなのです。クライアントによって、臨機応変に対応する必要があります。私はカウンセリングを始めた当初、ずっとそう思っていました。

悩んでいる内容が違うのだから、話す内容も違って当たり前。あなたもそう思いませんか？

実際、私がカウンセリングを教わったスクールでは、カウンセリングの練習をするための台本のようなものがあったのですが、読み進めていくと、このあとが大切だよね、と思うところに、「臨機応変に対応」と書いてありました。えっ、「臨機応変」と言われても……。

だから、私はよく先生に、「こういうクライアントが来た場合、どうすればいいですか？」「こんな話になったらどう答えたらいいのでしょうか？」と、いつも質問していました。

でも、何度も書きますが、人の悩みは百人百様です。こんな場合は、こんな場合はと、どれだけ学んでも終わりがありません。そして、いくら多くのケースを学んだとしても、その学んだ内容がそのままあてはまることなんてほとんどないのです。

この話をすると、いつも思い出すのですが、私は以前磯釣りが大好きでした。船で磯に渡してもらい、そこで魚を釣るのです。磯釣りの経験のある人ならわかると思いますが、磯釣りは上手な人と下手な人では釣果に大きな差が出ます。上手な人は、どこに行ってもたくさん釣っている。しかし下手な人は、上手い人と同じ場所で釣っても全然釣れないのです。

だから、私も上手になるためにとにかく勉強をしました。たくさんある釣り雑誌を片っ端から読んで、そこに書いてある釣りの技術を必死で覚えたのです。右から左に潮が流れているときは……、追い風が強いときは……、水温が低いときは……、潮の流れが速いときは……たくさんあるケースに一つずつ解説が入れてあるのです。こんな場合は、おもりを重くして、こんな場合は軽い仕掛けで……。

それらを必死に勉強し、自分が上がる磯をイメージしながら、何度もこんな場合は、こんな場合は、と頭の中で繰り返します。しかし、実際に磯に上がってみると、本に書いてあった状況とはまったく違うのです。「えっ。潮は右から左だけど、風が正面から強くて、思うように魚釣りができない」

一所懸命勉強したのに、まったくそれが役に立たないのです。自然との闘いだから仕方がありません。

よく一匹も釣れず、「あそこは魚がいないな！」なんて文句を言いながら帰っていました。

さて、カウンセリングに話を戻しますが、人間も自然と同じです。一人ひとりが違うのです。だから、どんなに準備をしても、思ったようにはいきません。でも、たまに、こちらが思った通りに進むカウンセリングもありました。「今日はよくできたな〜」と。その日は、わざわざ先生に報告をしたのです。「先生、今日はうまくいきました。クライアントさんに喜んで帰っていただくことができました」と。でも、今でもはっきりと覚えているのですが、その2日後、先生から電話をいただきました。「今泉さん、今日、この前報告をいただいたクライアントさんから、お金を返してくれって電話があったんだけど」「えっ?」

そうなのです。私が、うまくいったとわざわざ報告までしたクライアントからのクレームだったのです。私はそれを聞いたとき、何かの間違いだと思いました。だって、カウンセリングが終わって帰るとき、「またお願いしますね」と、ニコニコ笑いながら帰って行かれたのです。でも、事実として先生にはクレームが入っていました。いったい何が起こったのか?

後でわかったことですが、結局、それは私にとってうまくいったカウンセリングだったのです。つまり、私にクライアントさんが合わせてくれていたということです。それがあってから、本当にどうしたらいいのか、さらにわからなくなりました。

あるとき、スクール主催で、卒業生がカウンセラーとなり、一般のクライアントを集めて無料でカウンセリングを行なうというイベントが開催されました。クライアントから見ると、無料でカウンセリングを受けることができ、私たちもカウンセリングの実践練習ができます。

私自身もすごく楽しみにしていたのですが、何人かとお話しした後、私の前に女性のクライアントが座られました。「今日はどうされたのですか?」と話しかけた瞬間、私の目が半袖のワンピースを着ている女性の腕の傷をとらえました。「えっ……」。彼女の腕には、無数の傷がありました。初めて見るリストカットの跡。私はそれを見た瞬間、「俺には無理」。そんな気持ちになったのです。私もいろいろ悩んできたけれど、リストカットなんて経験はありません。そんな私が、彼女に何を言ってあげられるのか……。

当時の私は、カウンセリングというものを完全に勘違いしていました。一人ひとり違うクライアントの悩みに対して、有効な解決方法をアドバイスして、クライアントの悩みを解決していく。カウンセリングに対して、きっとそんなイメージを持っていたのだと思います。でも、自分に経験のないようなことはアドバイスができません。だから、カウンセリングに全然自信が持てなかったのだと思います。

しかし、カウンセリングは私が思っていたようなアドバイス(解決策を提案)をするようなものではありません。もちろん、命令したり、指示したり、説教したり、講義をしたり、批判、賞賛、同意、激励、同情、質問、尋問、ごまかし、笑いに紛らわす……そんなものでもないのです。だから、100人の悩みに100通りの方法を準備する必要もないのです。

私はそれに気づけたとき、自分のカウンセリングが大きく変わっていくのを感じました。そして同時に、クライアントの反応が変わったのを感じたのです。心理カウンセリングは、決してケース・バイ・ケースではありません。私が思っていたような経験がない人には、わからないようなものでもないのです。まずは、そこをきっちりとご理解いただき、カウンセリングに対する苦手意識を払拭してください。まだよくわからないかもしれませんが、まずはカウンセリングって簡単なんだと思うこと。それが大切なのです。

目的をはき違えたカウンセリング

さて、間違いだらけのカウンセリング理論というテーマでこの章を書き進めていますが、いろいろあるカウンセリングの本や理論が間違っているという話ではありません。

そうではなく、プロのカウンセラーをめざす、カウンセリング初心者がカウンセリングについていろいろな誤解をしている。私はそう思っています。実際に、私もそうだったし、そして、私が知っている多くの方がカウンセリングというものについて、間違った認識を持ったために途中でカウンセラーになるのをあきらめているのです。

　私はカウンセリングを始めた当初、カウンセリングは難しいと思っていたのです。なぜそう思ったのか？　実際に、クライアントと話していく中で、なかなかうまくいきませんでした。だから、難しい……。なんだか当たり前の話のようですが、ここでもう一度考えてほしいのです。うまくいかない＝難しい。では、そもそもうまくいくってどういうことだろう？　そこには必ず目的があるはずです。その目的を達することができなかったから難しいのです。

　私が、カウンセリングは難しいものであると感じていたとき、何を目的にカウンセリングを行なっていたか？　私の目的はただひとつ、「クライアントの悩みを解決する」ということでした。これも当たり前のように感じると思います。心理カウンセリングを受ける人は、やはり何か悩みを持った人です。それも、お金を払ってでも解決したいほどの悩みを持っています。だからこそ、カウンセラーとしては悩みを解決してあげなければならない。私は、本気でそう思っていました。

　でも、今考えるとわかるのです。この考えがいかに傲慢な考え方なのかが。

　たしかに、クライアントは悩みを解決したくてカウンセリングを受けに来ます。でも、クライアントの悩みを解決できるのはカウンセラーではないのです。

　ここで、ひとつ考えていただきたい。

「人は、なぜ悩むのでしょうか？」

私は、これまでいろいろな人の悩み相談を受けてきて、人が悩みを抱える原因はひとつしかないということに気がつきました。「えっ？　ひとつしかない？」と不思議に思われるかもしれませんが、間違いなくひとつしかないのです。人はなぜ悩むのか？

それは、簡単です。「思い通りか、思い通りでないか」――ただこれだけなのです。これに尽きるのです。

たとえば、借金を抱えて悩んでいる人がいるとします。彼は今、５００万円の借金を抱えています。思った通りに事業が進まず、借金だけが増えていきます。もうダメだ。このままではたいへんなことになってしまう。そう思いつめると、「ダメだ。ダメだ」が頭の中をうずまき、どんどん不安は大きくなっていきます。そして、お金を稼ごうという気持ちも失せてきます。よくある話だと思います。

でも、もう20年ほど前の話ですが、私の先輩に「自分は10億円借金しているんだ」と自慢している人がいました。いつも笑顔で、借金して購入したビルを私に自慢します。「すごいだろう」と。そして、先輩は私に夢を語るのです。「俺は、これからこんなことをやろうと思っているんだ。絶対成功してみせる！」。その先輩は、あっという間にその借金を完済してしまいました。

５００万円の借金で悩む人、10億円借金しても平気な人。たしかに、５００万円も大金です。でも、金額が大きいから人が悩むのか？　と考えると、10億円借金しても平気な人がいるわけですから、金額で悩むわけではないということがわかると思います。

ではなぜ、５００万円で悩む人と10億円で平気な人がいるのか？

それは、５００万円で悩んでいる人は、自分の思った通りでないから悩んでいるのです。そして、10億円の借金を抱えても悩まない人は、自分の思った通り、つまり想定内なのです。

自分の思いを超えて、思った通りに進まないとき、人は初めて悩み始めるのです。

人間関係の悩みでも、病気についての悩みでも、借金の悩みでも、すべては自分が思った通りか、思った通りでないか、ただそれだけなのです。

ということは、クライアントが悩む原因は、クライアント自身が持っているその「思い」によって作られることがわかります。クライアント自身が何を思っているのかによって、「悩むか」「悩まないか」が決まっていくのです。

話を元に戻しますが、ここでもう一度、カウンセリングの目的を考えていただきたいのです。

カウンセリングは、クライアントの悩みを解決するために行なうもの。私は、カウンセリングを始めた当初、そう思っていました。でも、その悩みを作っているのは、クライアント自身の「思い」なのです。

ということは、その悩みを解決するためには、クライアント自身が自分の「思い」を変える必要があるのです。つまり、クライアント自身が自分で「思い」を変えないと、どんなにカウンセラーが頑張ったとしても、クライアントを治すことはできないのです。

だから、カウンセラーにできるのは、その「思い」を変えるお手伝いをするだけです。

では、どんなときに人はその「思い」を変えることができるのか？　さきほどの、５００万円の借金で悩んでいるというケースで考えてみましょう。あなた自身が、その悩んでいる本人だと思ってください。そのとき、「私の先輩に10億円借金している人がいるんだよ。その人、すごく前向きな人で、夢を語りながら必死に頑張っていたら、あっと言う間にその借金を完済したんだよ」「それに比べると、君の５００万円の借金なんて小さなものだよ。だから、大丈夫さ。元気出して」。もし、そう言われたら、どんな気持ちになりますか？　あなたの「思い」は変わりそうですか？　きっと、イラッとするだけだと思います。「その先輩と自分とは、状況が違うんだ！」「お前に何がわかるんだ」と、そんな気持ちになるはずです。

このように、アドバイス（解決策を提案）や命令、指示、説教などでは、人の思いは変わりません。では、「思い」はどんなときに変わるのか？

カウンセリングをしていて、クライアントが思いを変えるきっかけをつかんだシーンに出会うことがよくあります。人は「思い」に気づいたとき、決まってこのセリフを使うのです。「今、話していて思ったのですが……」。この言葉が出てきたとき、クライアントの悩みが解決するのです。

カウンセリングは、たしかに悩みを解決するために行なうものですが、カウンセラーが解決してあげるものではありません。クライアント自身が、自分で気づいて悩みを解決するのです。

だから、クライアントの悩みを解決するために、カウンセラーが何かをしてあげる必要はないのです。

気づきが生まれるとはどういうことか？

これまで、カウンセリングについていろいろな話をしてきました。でも、まだよくわからないという方も多いと思います。

前にも書いたように、カウンセリングはクライアント自身の思いを変えるために行なうものです。自分でその思いに気づいて自分で変えることができたとき、初めてクライアントの悩みは解決するのです。

では、思いに気づくとはどういうことなのでしょうか？　自分がふだん何を思っているのかくらい、自分でわかっているのではないか？　そう思う人も多いと思うのですが、実は、私たちはふだんその思いに気づいていません。というよりも、何も思わず自然といろいろな行動を起こしているのです。

人間には、意識できる思いである顕在意識と別名無意識と呼ばれる潜在意識という二つの意識があると言われています。そして、その比率は、潜在意識の方が圧倒的に大きいのです。またこの意識については、3章でくわしくお伝えしていきますが、私たちの行動は多くの場合、この潜在意識（無意識）で行なっています。その無意識で行なった行動の結果が、今、目の前で展開されている現実なのです。

だから、悩みを解決するためには、まずその無意識に気づく必要があるのです。人は、無意識に気づくことができたとき、大きく変化するのです。

「無意識に気づくと変わる」と言われても、きっとピンと来ないと思います。そこで、無意識に気づいたらどれくらい変わるのか？　ちょっとテストをしてみましょう。

さあ、ではちょっとイメージしてみてください。

あなたは、卵10個を一度に口の中に入れて、もぐもぐもぐと食べることができますか？

いかがでしょうか？　卵10個を一度に口の中に入れたらどうなると思いますか？

まあ、そんなことは無理ですよね。卵10個を一度に口の中に入れたりしたら、それはもう、苦しくて苦しくて、息もできないでしょう。

私はこれまで、セミナーなどでこの質問を多くの方に行なってきました。

「あなたは、卵10個を一度に口の中に入れて、もぐもぐもぐと食べることができますか？」

これまで、残念ながら一人も「食べることができる」と答えた人はいませんでした。イヤイヤ、だって無理でしょう。きっとそう思うと思います。

でも、ひとつ質問です。あなたがイメージしているその卵、いったい何の卵ですか？

たぶん、これは私の想像ですが、ニワトリの卵でしょう。しかも、それはゆで卵ではありませんか?

ひょっとすると、「ウズラの卵ならいけるかも……」と思った人がいるかもしれませんが、多分そこ止まりだと思います。

ちょっと冷静になって考えてみてください。私は、「卵10個を一度に口の中に入れて、もぐもぐもぐと食べることができますか?」と質問をしました。別に、何の卵とは言っていません。卵だっていろいろありますよね。イクラだって卵だし、子持ちシシャモの卵だって卵は卵です。でも、あなたは、私が「卵10個を一度に口の中に入れて、もぐもぐもぐと食べることができますか?」と質問した瞬間、ニワトリの卵、しかも(たぶん)ゆで卵が浮かんできて、そんなの無理に決まっていると思いました。つまり、無意識であなたは、ニワトリの卵を想像したのです。だから、「そんなの無理に決まっている」という答えが出てきたのです。

でも、ちょっと考えてみてください。もしあなたがイクラ屋さんだったら、「てやんでえ、卵と言えばイクラだろう」(笑)。もし、あなたがそんな人だったら、私が同じ質問をしたとき、どう答えたと思いますか? 「えっ10個? 10個くらいなら全然問題ないよ」「イクラだったら100個でもいけるぜ!」「子持ちシシャモでよかったら、1万個くらいでもいけるかも……」

ひょっとすると、そんな答えになっていたかもしれません。

そうなのです。私が卵10個を一度に……と言った卵は、別に何の卵でもよかったのです。でも、あなたの無意識はニワトリの卵を想像して、そして、「そんなの無理に決まっている」という答えを出してきたのです。

では、ここでもう一度私が質問しますので、またイメージをしてみてください。

「あなたは、卵10個を一度に口の中に入れて、もぐもぐもぐと食べることができますか？」

そうです。さっきと同じ質問です。さあ、答えてみてください。あなたの中にさきほどと同じ、「そんなの無理に決まっている」という答えが出てきますか？

きっとあなたは、今、私がまったく同じ質問をしたにもかかわらず、さっきとはまったく逆の「食べることができる」という答えが浮かんできたのではないでしょうか？

そうなのです。最初の質問のとき、無意識から浮かんできたのは、ニワトリの卵でした。でも、さっきの説明を読んで、「そうか！　別にニワトリの卵じゃなくてもいいんだ」。あなたはそう気づいたのです。つまり、これが、人が自分の無意識に気づいた瞬間です。

無意識に気づいた瞬間、真逆の答えが出てくるのです。

私たち人間は、この無意識のプログラムによっていろいろな行動を起こしています。その行動が、自分の現実を作っていくのです。だから、今、目の前に解決したい問題がある場合、まずは自分の無意識に気づく必要があるのです。心理カウンセリングは、クライアント自身に自分の無意識に気づいてもらうために行ないます。この卵の例でもそうですが、最初から、「イクラでもシシャモの卵でもいいからね」と説明したのでは、自分の無意識に気づくことはできません。だから、心理カウンセリングでは、アドバイスなどを行なわないのです。

クライアントに、自分の無意識に気づいてもらうために行なう。それが、本当のカウンセリングなのです。

もしあなたが、これからカウンセラーをめざすのであれば、小手先のカウンセリングテクニックなんて必要ありません。なぜなら、答えはクライアント自身が持っているからです。だから、あなたはそのクライアントを信じて付き添ってあげればいいのです。それができたとき、あなたは本物のカウンセラーとしての一歩を踏み出すことができるのです。

カウンセリングの本当の目的

この本を書こうと思った理由は、私自身が心理カウンセラー養成講座を卒業しても、なかなか「カウンセリングができる」という気持ちになれなかったから、そして、私以外にも、私と同じようになかなかカウンセラーとして活動できる自信が持てないという人が多いと感じたからです。

なぜ、そんなことが起こるのか？　それは、カウンセラー初心者の方が、カウンセリングというものを勘違いしているからです。これまで、そんなお話をしてきました。

一番大きな勘違いは、カウンセラーは、クライアントの悩みを解決する人だと思っていること。そう思うことで、自分自身でカウンセラーというハードルをものすごく高い位置に置き、なかなか飛べないと苦しんでいるのです。しかし、何度も書きますが、クライアントの悩みを解決するのはカウンセラーではありません。クライアント自身が解決していくのです。だから、カウンセラーはそんなに力む必要はないのです。

でも、そんなことを言っても、実際問題としてクライアントは悩みを解決したいと思っています。自分の問題を解決してもらうために、高いお金を払ってカウンセラーに相談に来るのです。カウンセラーが、それは自分が解決するものではないと思っていても、クライアントは解決してもらいたいと思っています。つまり、カウンセラーとクライアントの思いに差が生じているということです。

このままでは、なかなかカウンセリングはうまくいきません。だって、自分が高いお金を払って相談している人に、「それは、あなたが解決する問題ですよ。私は知りません」などと言われたら、たいへんなことになりますよね。そんなカウンセラーには、きっと誰も相談したくないと思います。

少しイメージしてみてください。

グループで、何か目標に向かってみんなで頑張っている。でも、よく見ると、みんな一人ひとり向かっているゴールが違う。だとしたら、どうなると思いますか？　当然ですが、きっとそれはうまくいかないでしょう。実は、カウンセリングもそれと同じなのです。

カウンセラーは、問題はクライアント自身が解決するものと思い、クライアントはカウンセラーに問題を解決してもらいたいと思っています。この状態のときは、それぞれが違うゴールに向かって進んでいるのと同じなのです。だから、それではうまくいかないのです。

えっ、ではどうすればいいの？　と思われるかもしれませんが、答えは簡単です。

ではここで、人が悩んでいるとき、どんな行動を取るのかを考えてみましょう。

たとえば、夜眠れないと悩んでいる人がいたとします。早く寝なければ、と思いながらも、眠ろうとすればするほど、目はパッチリと覚めてきます。目の前にある問題（眠れないこと）を解決しようとすればするほど、うまくいかない。眠れないのです。

でも、眠れない眠れないと思っていても、いつの間にか眠っていた。きっとそんな経験もあるのではないでしょうか。そのとき、なぜ眠ることができたのか？　思い返してみると、きっと、眠ろう眠ろうとする意識から離れた瞬間があったはずです。眠ろう眠ろうと、必死で頑張っているときは、全然眠れないのに、その意識を手放した瞬間に眠ってしまっているのです。

実は、カウンセリングでもこれと同じようなことが起こります。問題を解決しようと必死で頑張っているときは、なかなかうまくいかないのです。

だって、解決しようという思いは、解決すべき問題があるという前提に立った考え方です。問題がそこにあると認識しながらそれを消すことは、実はすごく難しいのです。でも、実際に問題があるのだからカウンセリングを受けるわけで、解決すべき問題があると思うなと言われても、そんなことは無理でしょう。普通、そう考えるでしょう。

でも、違うのです。さきほどの話のように、眠れないと思うから眠れないのです。どこに意識の焦点を合わせているか？　悩みに焦点を合わせている人が悩んでいる人なのです。

私は以前、パニック障害になった経験があります。パニック障害ってご存じでしょうか？パニック障害とは、突然起こる激しい動悸や発汗、ふるえ、息苦しさ、胸部の不快感、めまいといった体の異常とともに、このままでは死んでしまうというような強い不安感に襲われる病気です。でも、この発作が起こる時間は10分間程度です。長くても1時間もすれば収まります。私は、何年もこの病気を治したいと思っていました。でも、なかなか治りませんでした。なぜでしょうか？

ところで、このパニック障害が治るとは、どんな状態なのでしょう？　当然、パニックの発作が出ない状態ですよね。でも、だいたい、10分もすれば発作は収まります。ということは、10分で治るわけです。そして、ふだんは普通の状態に戻ります。しかし私の場合、この普通の状態のとき、つまり、発作が出ていないときに、何とかこの病気を治したい。いつもそう思っていました。そして、しだいに「また、発作が起きたらどうしよう」という強い恐怖感や不安が襲ってくるようになるのです。「また起きたら……また起きたら……」。そうやって悩むことで、だんだん自分を不安にしていきます。そして、その頂点に達したとき、またパニック障害の発作が起こるのです。

もし私が、発作が起こっていない状態のとき、「また起きたらどうしよう」という予期不安を感じずに、起こっていない現実をしっかりと受け止め、「私は大丈夫だ」と思えていたらどうなっていただろうと考えることがあります。多分、もしそれができていたら、あんなに何度も発作に襲われることはなかったと思います。

解決すべき問題に焦点を合わせているとき、私たちの悩みは顕在化します。だから、いかにこの悩みに焦点を当てずに生きていくか。それが本当に大切なのです。

話を元に戻しますが、同じ目標に向かって進むとき、私たちの力は何倍にもなります。だから、カウンセラーとクライアントの目標をひとつにするのです。カウンセラーは、クライアントが問題を解決するものと思っています。一方、クライアントは、カウンセラーが問題を解決してくれるものと思っています。この二つをひとつにするのです。

では、どんな目標を持てば、それがひとつになるのか？　これが、さきほど書いた「もともと解決すべき問題なんてそこにはない」と思うことです。これができたとき、すべての悩みは解決します。

私が考えるカウンセリングの目的は、「解決すべき問題などそこにはない」という考え方から、「今のままの自分でいい」と、自分自身を認めることだと考えています。そう思えるようになるためには、まず、カウンセラーである私たちが、クライアントのそのままを認めることです。「あなたはあなたのままでいい」という思いがしっかりと伝わり、クライアントに受け入れられたとき、カウンセリングは成功するのです。

2章

これだけ知っておけばカウンセリングはうまくいく

カウンセラーはバカになれ！

1章では、カウンセリング初心者が誤解しているカウンセリング理論や、カウンセリングに対して持っているイメージを変えてもらうために、カウンセリングとはどういうものなのか、その概論のようなお話をさせていただきました。

ここまで読み進めてみていかがでしょうか？「ひょっとすると、カウンセリングってそんなに難しいものではないのかもしれない……」。そんなイメージを持っていただけていたらいいのですが。

ただ、実際にカウンセリングを行なうとなると、カウンセリングは簡単だというだけでは、なかなかうまく進みません。でも、安心してください。実際にそんなに難しい理論は必要ないのです。ということで、この章では、カウンセリングを行なうために最低限知っておいていただきたいことというか、これだけ知っておけばカウンセリングはできる、というカウンセリング理論について説明していきます。

カウンセリング理論というと、何か難しく感じるかもしれませんが、カウンセリングとはそもそも、人の話を聞くということです。人は、自分の話をしっかりと聞いてもらえるだけで癒されます。あなたも、誰かに自分の話を聞いてもらってスッキリしたという経験をお持ちではないでしょうか？　だから、そもそもそんなに難しいものではないのです。しかし私たちは、いつの間にか人の話を聞けなくなってしまっています。なぜ、そんなことが起こるのでしょうか？

人間には、学習能力というものが備わっています。その能力によって、自分が経験してきたこと、見たこと、聞いたことなどによって、自分の中にいろいろな価値観を築いていきます。この価値観が、人の話を聞くことを邪魔してしまうのです。

たとえば、あなたにお子さんがいるとします。大切な自分の子供です。その子が小学校五年生になったある日の朝、突然、「お母さん、僕、学校に行きたくない」と言ってきました。

さあ、あなたならその自分の子供の言葉に対してどのような反応をするでしょうか？きっと、「えっ、どうしたの？」といった質問をすることでしょう。でも、そのお子さんは「行きたくない」と繰り返すだけ。

もし、そんな場面に遭遇したら、あなたはどうなりそうですか？　多分、多くの方があわてることと思います。そして、頭の中にいろいろなことが浮かんできます。

「ひょっとして、誰かにいじめられているのではないか？」「先生に怒られたのではないか？」「勉強についていけないのではないか？」「仲間外れにされているのではないか？」

いろいろなイメージが湧いてきて、きっと、お子さんを質問攻めにするでしょう。「何があったの？」「いじめられているの？」「頭が痛いの？」「おなかが痛いの？」と。でも子供は何も話しません。そうなると、きっとあなたの混乱も相当大きなものになるでしょう。

「言わなきゃわからないでしょう」「お母さんが学校についていってあげるから」「学校に行かないと、たいへんなことになるわよ」「義務教育なんだから、学校には行かなきゃダメなの!」

さあ、今度は、そんな話をしている自分をイメージしてみてください。どんな顔をしていそうですか? きっと、引きつっているのではありませんか? 怖い顔をしているのではありませんか?

本当は、お母さんに聞いてもらいたいと思っているのに、怖い顔をしてお母さんがにらんでいたら、子供は話したくても話せません。どうして、こんなことになるのでしょうか?

実は、カウンセリングは、自分の身近な存在になればなるほど難しいと言われています。

なぜかというと、自分にとって大切な存在だからこそ、そんな大切な人が悩んでいるのを見るのが嫌なのです。

このケースで言うと、「学校に行きたくない」という言葉自体を聞きたくないのです。そして、「一刻も早く解決したい」という気持ちになり、矢継ぎ早に解決策を提示したり、脅してみたり、注意したり、命令したりという行動が出てしまうのです。

これは、自分の価値観が、聞くことを邪魔している状態です。「学校は行くものだ」「学校に行かないと、将来たいへんなことになる」――そんな自分の価値観が邪魔をして、話を聞けなくしてしまっているのです。

これは、身近な人だけで起こることではありません。カウンセラーが、自分の価値観でクライアントを見ていくと、その価値観に反する人の話は聞けなくなります。聞くことがカウンセリングなのに、アドバイスをしたくなったり、説得してみたり……自分から耳を閉じてしまうことになるのです。

たとえば、「何事においても、一所懸命最後まで頑張らなければならない」という価値観を持ったカウンセラーのところに、仕事が嫌で辞めたくて仕方がない。そんな人が相談に行ったとします。そのクライアントに対して、最後まで頑張らなければ、という価値観でカウンセラーが対応したらどうなるでしょうか？

きっと、そのカウンセリングはうまくいかないでしょう。

なぜなら、相談に来たクライアントは、このカウンセラーのところに来るまでにおそらくいろいろな人に相談をしていることでしょう。そして、同じようなことをさんざん言われているはずです。

しかし、人は常識や正論では変われないのです。そんなことは百も承知だけど、どうしようもないから相談に来たのです。だから、「あなたも、そんなことを言うのですね」と思われることになるのです。

カウンセラーが、常識や正論、自分の価値観に縛られていたのでは、クライアントの話は聞けません。ですから、カウンセリングをするときは、すべての価値観を手放す必要があります。

私はよく受講生に、言葉は汚いのですが、「カウンセリングをするときはバカになってください」

と言っています。何にもわからない状態になって、すべてをクライアントに教えてもらう。そんな立ち位置で臨むのです。

それができたとき、初めてクライアントはカウンセラーに心を開きます。そして、自分の内側の思いをたくさんぶつけてくれるのです。その過程で、クライアント自身が自分の価値観に気づくことができる。それが、本来のカウンセリングなのです。

クライアントはウソつき

引き続き、カウンセリングをするために、最低限知っておいてほしいカウンセリング理論についてお話しします。カウンセリング理論というと、難しく感じるかもしれませんが、私が必要だと思っているのは、まったく難しい話ではありません。心理学的には……などというものではなく、カウンセラーとしては当たり前の話です。

イチロー選手がシアトル時代、地元の小学校に行ったとき、子供達の前で「みんな、ちゃんと道具を大事にしてね。せっかく父さんや母さんから買ってもらったグローブを大切に扱わないと、いいプレーは生まれないよ」とコメントしたそうです。イチロー選手がグローブやバットを大切に使っているという話は有名です。いいプレーを生むためには、道具を大切にする。全然、難しい話ではありません。でも、これを実行している人は少ないのではないでしょうか。

カウンセリングでも、これと同じように、大切にしなければならないことがあるのです。それをきちんと理解して実践することができれば、あなたのカウンセリングは変わります。

ということで、早速ですがひとつ質問です。あなたは、クライアントを信じていますか？

「当たり前じゃないですか」という声が聞こえそうですが……。

やはり、カウンセリングで一番大切なのは、カウンセラーとクライアントの信頼関係です。信頼関係がなければ、カウンセリングは成立しません。だから、クライアントのことを信じる必要があります。でも、ここにひとつカウンセリングがうまくいかない落とし穴が存在するのです。

実はカウンセリングを成功させるためには、クライアントを信じなければならないところと信じてはいけないところがあるのです。さあ、何を信じて何を信じてはいけないのかわかりますか？

では、まずはクライアントを信じてはいけない、というところを考えてみましょう。

カウンセラー「今日はどうされたのですか？」

クライアント「実は、人間関係で困っていまして……」

カウンセラー「人間関係で困っている？　どういうことですか？」

クライアント「私は、これまでいろいろな仕事をしてきたのですが、行くところ行くところ、変な人がいて……。お局様みたいな人にすぐ目をつけられて、いじめられてしまうんです」

カウンセラー「そうなんですか？　行くところ行くところにお局様みたいな人がいて、いじめられる。それはたいへんですね。最近、いじめられたのはいつですか？」

クライアント「最近ですか？　最近は、あまりないのですが……」

カウンセラー「えっ？　ないの」

少し極端な例になってしまったかもしれませんが、これは実際、私のカウンセリングであったやり取りです。「いつもいじめられる」と言っていたのに、それを具体的に聞いていくと、「最近はあまりない」と言う。「えっ、じゃあ、なぜカウンセリングを受けに来たの？」という話になってしまいますよね。このときは、くわしく聞いていくと、今の会社の社長さんと合わないという話になりましたが、人はこうした思い込みで悩んでいます。

当然ですが、別に、クライアントは、私を騙すためにそんな話をしたのではありません。本当にそう思っているのです。でも、しっかりと話を聞いていくと、悩んでいる内容が違っていたりするのです。

受講生たちには、いつも「クライアントはウソつきだから」と、私は伝えています。

別に、私のところにカウンセリングを受けに来た人を批判しているわけではありません。カウンセリングをするときは、そう思ってクライアントの話を聞いたほうがうまくいくのです。つまりカウンセリングでは、クライアントの言うことをそのまま信じてはいけないということです。

なぜなら、クライアント自身、自分の悩みがどこから来るのかわからずに悩んでいるからです。だから、カウンセラーは冷静にクライアントを見つめていく必要があるのです。

そのためにも、クライアントの言うことすべてを信じてはいけない、鵜呑みにしてはいけないのです。

では、次に、クライアントのここは信じなければならないというポイントを見ていきましょう。カウンセリングをうまく進めるためには、実はクライアントを信じるポイントが二つ存在するのです。この二つだけは、絶対に信じなければなりません。ここを信用できなかったら、カウンセリングがうまくいきません。

そのひとつ目は、「クライアントは、みんなＯＫである」ということです。

ＯＫとは、正しいとか間違っているということではありません。人間本来の価値と考えていただきたいのです。どんな人でも、価値ある存在である。たとえば、クライアントの話を聞いていて、そんなこととするの？　と耳を疑うような話をする人が来たとします。自分の価値観とはまったく違う価値観を持った人です。そのときに、「この人はダメだ！」と決めつけて話を聞いていたらどうなるでしょうか？　簡単ですね。絶対にそのカウンセリングはうまくいきません。その人がどんな人であっても、どんな信条を持っていても、経済的地位があろうとも、どんなに綺麗だろうと不細工だろうと、天才であろうとなかろうと、その人の価値は変わらないのです。みんなＯＫなのです。

そのことは、絶対に信じなければなりません。価値のない人なんて、一人もいません。みんなが、存在しているだけで価値を持っているのです。だから、自分と意見が合おうが合うまいが、その人は価値ある存在です。そのままでＯＫなのです。常に、このポジションからカウンセリングを行ないます。

その考えをしっかりと持っていると、たとえ、自分とまったく違った価値観を持ったクライアントが来たとしても、「あなたのポジションからはそう見えるんですね」と思えるようになります。相手は、これまでのたくさんの経験を通して、たくさんの学びを得て、今そのポジションに立っているのです。自分とは違う宇宙にいるのです。だから、あなたはＯＫである。それを信じ抜くことが必要なのです。

そして、もうひとつのクライアントを信じるポイントは、「人は、自ら自分の運命を決め、そしてその決定は変えることができる」ということです。

私たちは赤ちゃんの頃、何もないまっさらの状態で生まれてきます。そして、いろいろな体験をして今ここにいるのです。そのさまざまな経験をしていくうちに、私たちはたくさんの決断を繰り返していきます。「こういうときは、こうするべきだ」「こんなことをしてはいけない」。すべて、最終的には自分でそれを決めてきたのです。だから、今、悩んでいる状態も自分で作っているのです。自分で作っているからこそ、自分で変えることができるのです。

私は、最初に心理学を勉強したとき、アメリカの精神科医、エリック・バーン博士（Eric

Berne 1910〜1970）によって創られた、交流分析（TA）というものを学びました。そこで出てくるTAの哲学。この二つはそこにある言葉です。「クライアントは、みんなOKである」「人は、自ら自分の運命を決め、そしてその決定は変えることができる」と。今、たくさんの人とカウンセリングを通して、お話をしてきて、この二つの言葉の大切さをつくづく感じています。

この考えを、カウンセラー自身がしっかりと持ってカウンセリングを行なうとき、そのカウンセリングは必ずうまくいきます。私はそう信じています。

ぜひ、あなたもこれからカウンセリングを行なうとき、この二つのことをしっかりと頭に入れて、クライアントの話を聞いてみてください。きっと、何かが変わってくるのを感じるはずです。

カウンセリングを成功させるためには、クライアントを信じなければならないところと信じてはいけないことがあることをご理解いただけましたでしょうか。これをしっかりと頭に入れておいてください。

クライアントの思い通りに話をさせてはいけない

クライアントの言うことを信じてはいけない、と書きました。でも、カウンセリングは聞くことが大切です。クライアントの言うことを聞かなければ、商売にはなりません。しかし、クライアントは本当のことを話しません。となると、どうすればいいのでしょうか？　それを解明するためには、まず、なぜクライアントが本当のことを話さないのか、を考えてみる必要があります。

クライアントが本当のことを話さない理由。それは、クライアントが自分の思ったことを話しているということに原因があります。カウンセリングだから、「クライアントが思うように話していい」と思うかもしれませんが、実はそれではダメなのです。クライアントが思うように話をし始めると、クライアント自身は、自分のことがよく見えていないため、正確な話（事実）をきちんと話すことができないのです。だから、カウンセリングは常に、カウンセラーが主導権を握らなければなりません。クライアントの思い通りに話をさせてはならないのです。「クライアントに思い通り話させてはいならない」などと言うカウンセラーのところには行きたくないというクライアントも出てきそうですが……。

少し話は変わりますが、「きく」という漢字にもいろいろあります。「聞く」だったり、「聴く」だったり……他にもいろいろあるのです。当然、その漢字ごとに意味があります。

私は、尊敬するカウンセラーの先生から、カウンセリングとは「聴く」ことであると学びました。この「聴く」という字は、本来、身を入れて聞くという意味で使われます。心を落ち着けて注意して耳に入れる。傾聴するという意味です。まさにカウンセリングです。

しかし実践していくと、この「聴く」ということが非常に難しいことがわかります。なぜなら、さっきも書いたように、クライアントは本当のことを言わないからです。

自分では気づいていない場合も当然あるし、ちゃんとわかっていても、こんなこと言っては……と、言うことを躊躇する場合も多いのです。そんなとき、どうすればきちんと聴くことができるのでしょうか?


私は、クライアントの話をきちんと聴くために大切なことは「訊くこと」だと思っています。この「訊く」は、どういうときに使うのかご存じですか。この漢字の「訊く」を辞書で調べてみると、「尋ねて答えを求める」「問う」と書かれています。そうなのです。カウンセリングで大切なのは、相手に何を問うかなのです。カウンセラーが、クライアントにとって必要な質問ができたときには、クライアントはきちんと答えてくれます。

しかし、カウンセラーの質問が悪ければ、クライアントはなかなか本当のことを話してくれません。つまり、クライアントが本当のことを言わないときは、カウンセラーの質問の仕方が悪いということです。正しい質問を繰り返していけば、クライアントがウソをつくことはないのです。

このクライアントに何を訊くのか? これがカウンセリング初心者にとってはすごく難しく感じるところだと思います。私も、カウンセリングを始めた当初は、よくカウンセリングをしている最中に、どう進めていけばいいのかわからなくなり、頭が真っ白になっていました。多分、この本を読まれているあなたも、そんな経験をお持ちなのではないでしょうか？

カウンセラーを目指して資格は取ったけれど、何を訊いていいのかわからない。

そうなると当然、カウンセリングがうまくいきません。それが積み重なると、自分のカウンセリングに自信を持てずに、カウンセラーになること自体をあきらめることになります。

では、どうすればいいのでしょうか？　どうすれば、クライアントの悩みを解決することができるのでしょうか？

私がカウンセリングを始めた当初は、クライアントの悩みを解消するために一所懸命解決策を探していました。きっと多くの人が、悩みを解決するための方法を教えたくなるはずです。「こうすればいいよ」そんなやり方をクライアントも求めています。でも、自分はそんな解決策を持っていません。そうなると当然、何を言っていいのかわからなくなります。そうなって当たり前だと思います。

でも、もし仮に、自分が昔、同じような悩みを解決した経験があったとします。それがあれば、本当にクライアントの悩みを解決できるのでしょうか？「経験があれば大丈夫じゃないかな？」と思うかもしれませんが、残念ながら自分が同じような経験をしていたとしても、どんなにすばらしい解決策を提示できたとしても、それで、問題を解決できる人は実はほんの少ししかいないのです。

なぜなら、その「こうすればいい」というやり方は、あくまで、その問題を解決した人の解決策であり、それが、そのクライアントに合うかどうかなんてわかりません。というか、人間は一人ひとり全然違う体験をして今を生きています。だから、誰かの成功体験をそのまま真似したところで、うまくいくはずがないのです。

では、カウンセリングでは、どのような話をしていけばいいのでしょうか？

相談に来るクライアントの抱える悩みは、一人ひとりが違います。だから、その人に合わせて話をしなければならない。多くの人がそう考えると思います。しかし、実はそうではありません。そうではなく、カウンセリングには「型」があるのです。

カウンセリングで何を聞けばいいのか？　実は、最初から決まっているのです。では次に、具体的に何を聞くのかを見ていきましょう。

カウンセリングは「現場検証」である

カウンセリングで何を聞けばいいのかは最初から決まっている。もし、そう言われたら、あなたはどう思いますか？

「最初から決まっているなんてあり得ない……」。きっとそう思われることでしょう。でも、本当に決まっているのです。とは言っても、定型文があってそれを聞けばいいというものではありません。

たとえば、①あなたの職業は何ですか？　②あなたは何に悩んでいますか？　などなど、そんな決まった文章があるということではありません。

では、「最初から決まっている」とはどういうことなのか？

実は、カウンセリングには目的があります。この目的さえ間違えなければ、カウンセリングはスムーズに進んでいくのです。では、その目的とは何なのか、わかるでしょうか？

多分、カウンセリングを始めて間もない方であれば、目的は、クライアントの悩みを解決することだと思っていることでしょう。でも、そうすると、さきほどお伝えしたように、解決策を提示したくなります。解決策を提示しても解決できないということは、さきほどもお伝えした通りです。では、カウンセリングの目的とはいったい何なのか？

私は、カウンセリングの目的は、「現場検証」だと考えています。

「現場検証」とは、よく刑事ドラマで耳にする言葉です。私も、それ以外ではほとんど聞いたことがありません。

刑事が、手帳を広げて現場を見ながらいろいろメモを取る。それが、本当の現場検証かどうかはわかりませんが、そのようなイメージです。あのとき、刑事は何をしていると思いますか？

イメージしているのです。この殺された人が、どのようにして殺されたのか？　あのドアから犯人が入ってきて、凶器はこの花瓶……といったようなイメージです。あのイメージが、カウンセラーにも大切なのです。

幸い、クライアントは死体ではありませんから、きちんと状況を教えてくれます。だから、刑事が犯人を探すよりも簡単なのです。「会社の上司に腹が立つんです」といった相談を受けたら、そこで何が起きたのかをヒヤリングするのです。そして、イメージしていきます。

実は、ここにポイントがあるのです。カウンセリングがうまくいくかどうかは、すべてこれにかかっています。そのポイントとは……。

たとえば、上司から理不尽なことを言われて悩んでいるとします。その人は、相手が悪いのだと、一所懸命訴えてくるのです。普通、友達からの相談だったら、「そんなときは、こうしたほうがいいよ」「もう、会社を辞めちゃったら……」「わかるわかる、そんな奴いるよね～」といったような会話になることでしょう。

でも、相手はお金を払ってわざわざカウンセリングを受けに来ているのです。だから、そんな友達との会話と同じではいけません。そこで、「現場検証」なのです。

上司が理不尽なことを言う。そのシーンをもう一度、しっかりと聞いていきます。

そこで何が起こっているのか？　そこは、どんな場所で、上司はどんな格好をしていて周りには誰がいて、具体的に何と言われたのか？　しっかりと聞いていくと、理不尽なことを言われた瞬間が見つかるのです。その言葉を再現するのです。

すると、そこにその言葉が出てきた瞬間、嫌な気持ちになるクライアントがいます。そこに大きなポイントがあるのです。

なぜ、その言葉で、理不尽なことを言われていると感じたのか？

つまり、自分の受け取り方です。なぜそう思うのか？　すべてはクライアントの内側にあります。たとえば、車を運転する人はちょっとイメージしてみてください。自分の家に車庫があるとします。その車庫は狭い車庫です。車一台がやっと止められるぐらいのギリギリの広さなのです。

そこに、あなたはいつも車を止めています。さあ、今その車庫にバックで車を入れています。どんな気分でしょうか？

「車は運転しないよ！」「そんな車庫、うちにはないよ！」という方も付き合ってくださいね。イメージするだけでいいのです。多分、ただ慎重に運転するだけだと思います。

さて、ではもうひとつ。

車を運転していると、普通そこには止めないだろうという場所に車を止めている人がいます。あなたが運転する車は、それをよけて通らなければなりません。またイメージしてください。あなたはその車の横をよけて通る。でも、それをよけて通ったとしても、自分の家の車庫よりも道幅は広いのです。別に、車庫入れほど慎重に運転する必要もありません。でも、どうでしょう？　そこには止めないだろうと思う場所に止めている車をよけるときって、どんな気分でしょうか？

「何で、こんな場所に止めているんだ！」と、ひょっとするとちょっとイラッとしていないでしょうか？　では、なぜイラッとするのでしょうか？

自宅の狭い駐車場に車を止めること。つまり、人は自分が受け入れていることには特別な感情を抱きません。でも、「それはないだろう」と受け入れていない、自分にとってダメなことが起こったときに感情が動くのです。嫌な気持ちになるのです。つまり、出来事にはまったく意味がなく、自分が受け入れているかどうかによって、自分の気持ちが決まっていくのです。

カウンセリングとは、その内側にあるクライアントの受け取り方をチェックしていく、ひとつの手段です。何か嫌な出来事が起こっているとき、「こうあるべきである」とか「それが当然である」という思いが必ずあります。ある意味、それはその人にとってのひとつの物差しなのです。

その自分の基準に照らし合わせて、その内容がその基準に合っているのか、合っていないのか？　人間は、ただそれだけで感情が決まります。だから、カウンセリングでその物差しを見つけるのです。カウンセリングでその基準が見つかったとき、私たちは初めて、自分の問題と向き合うことができるのです。

いかがでしょうか？　カウンセリングの目的は現場検証です。そして、そこにあるクライアントの受け取り方を見つけていくのです。あなたは、そんなカウンセリングができていますか。

そのカウンセリングのパターンを身につけることができたとき、クライアントの笑顔を見つけることができるのです。ぜひ、徹底的に現場検証を行なってください。

悩みは繰り返される

私は今、いろいろなクライアントとお話をしていますが、すべての方に共通の、あるパターンがあることを発見しました。あるパターンって、何だと思いますか？　まあ、そんなに大げさなことではないのですが、そのパターンとは、「クライアントを苦しめているその悩みは、今始まったことではない」ということです。そう言われても、きっとピンと来ないと思いますが、先日のクライアントはこんな相談をされました。

「上司に大声で怒る人がいるのですが、その人のことが怖くて怖くて……」「いつもびくびくしているんです」「もう、なんか疲れちゃって、会社に行けなくなってしまいました」

会社の上司に、大声で怒る人がいる。そして、いつもびくびくしていて、疲れてしまって今会社に行っていない。そんなお話です。一見すると、この上司が悪いように感じると思います。

そして、そのクライアントも「この上司が異動でここに来るまでは、結構平和な職場だったんです。だからこの人を何とかしたい」とおっしゃっていました。でも、さきほども書いたように、私のカウンセリングは現場検証です。だから、もっと細かくいろいろと聞いていきます。するといろいろなことが見えてきます。

他のスタッフが電話で謝っているのが聞こえてくると、「私、何かやったのかな？」と心配になる。何かが起こっていると、そのすべてが自分のせいではないだろうかと思ってしまう。

彼女は、いつも不安の中にいました。「何かが起こったらどうしよう……」怒られるのがすごく嫌。強く言われるのも当然嫌だけど、逆に強く言うのも嫌。これまで、彼氏や友達と喧嘩をしたことがない、と教えてくれました。

「じゃあ、ずっと昔からそうだったんだ」と言うと、「そうですね。小さい頃からずっとです」と、彼女はそう言いました。

幼い頃から、強く言われたり強く言ったりすることがすごく苦手な彼女。彼女は最初、「大声で怒る上司がいるから、私はいつもおびえていなければならない」と言っていました。たしかに、大声で怒鳴られるのはみんな嫌でしょう。でも、もし、みんなが彼女と同じくらい嫌だったら、その職場の人はみんな会社に行けなくなってしまうはずです。でも、彼女に聞くと、他の人はみんな大丈夫なようです。

何度も言いますが、彼女はもともと強く言われることが苦手なのです。ということは、この上司のせいではないということがわかります。

そう、彼女はずっとこれまでも同じようなことを体験してきているのです。

ほとんどのクライアントが口をそろえて、「ずっと昔から……」とおっしゃいます。つまり、今悩んでいる問題は、決して今始まったわけではなく、過去から何度も繰り返してきたものなのです。だから、その怒る上司がいなくなるというような、環境を変えることだけでは問題は解決しません。そうではなく、自分自身の中にあるその反応の仕方を変えていくのです。

私は、カウンセリングで問題点が明らかになると、必ずクライアントに質問をします。「もし、その自分が変わったら、目の前の現実が変わると思いますか？」と。

たとえば、この例で言えば、「大きな声で怒鳴られたとしても、今までほど強く反応しない自分になることができたら何か変わりそうですか？」と聞くと、ほとんどの人が「すごく変わると思います」とおっしゃいます。そのときこそ、自分の問題点が明らかになった瞬間です。

人はそれぞれ、こうしていろいろな問題点を抱えて生きています。でも、多くの人がその問題点に気づいていません。このカウンセリングのクライアントも、もともと上司が悪いと言っていたのです。つまり、自分自身の本当の問題点に気づいていなかったのです。

「相手が悪い」と言っているうちは、自分ではどうすることもできません。そう思いませんか？もし今、あなたの中にあの人嫌だという人がいたら、その人のことを思い浮かべてみてください。きっとあなたは、その人を変えるためにいろいろな手を尽くしてきたのではないでしょうか？ 説得したり、教えたり、泣いてみたり……でもどうでしょうか？ きっと相手は変わらなかったはずです。まあ、その場では変わったとしても、すぐにまた元に戻ってしまうでしょう。そうなのです。「相手が悪い」というポジションに立って、何とか相手を変えようと、頑張ってみても、その努力が報われるかどうかは相手しだいなのです。苦しいのは自分なのに、それが解決できるかどうかは、相手にかかっているということになるのです。

でも、どうでしょう。もし、その問題が自分の中にあるというスタンスでその問題と向き合ったら、自分一人で変えることができるのです。

ちょっと話がそれましたが、カウンセリングに来たクライアントの悩みは、繰り返されていると書きました。そして、その悩みは、相手によるものではなく、自分自身の中にある。であれば、それはいったいどこにあるのでしょうか？　自分自身の中と言われても……。もともと、自分の中にあることとさえわかっていなかった自分ですから、それがどこにあるのか？　と聞かれても、なかなか気づくことができないでしょう。

1章で、私たちの意識には二つの種類があるという話を書きました。ここでもう一度、そのことを思い出していただきたいのです。

ひとつは顕在意識という意識、そしてもうひとつは潜在意識という意識でした。多分、この本を読まれているあなたなら、この顕在意識と潜在意識という言葉は聞いたことがあると思います。

念のため、簡単に説明すると、顕在意識とは、見て・聞いて・判断する意識です。たとえば、横断歩道を渡ろうとするとき、あなたはどんな行動を取りますか？　右を見て左を見て、そしてまた右を見て……よし！　車が来ていない。そう思って渡り始めるでしょう。つまり、見て・聞いて・判断して道路を横断するのです。このときに使う意識が顕在意識という意識です。

また、もうひとつの潜在意識とは、この顕在意識とは逆で、別名無意識と呼ばれています。これは、顕在意識のように、見て・聞いて・判断するというようなものではなく、意識に上がってこない意識のことです。

さきほど、自分自身の悩みの原因に気づいていないという話をしました。なぜ、繰り返し自分を苦しめているのに、自分で気づくことができないのか？　それは、実はこの悩みの原因が、顕在意識ではなく、潜在意識、つまり無意識の領域の中にあるからなのです。

カウンセリングとは、クライアント自身が自分の無意識の中にある悩みの原因を、顕在意識の中に引き戻す作業です。無意識を意識できたとき、人は大きく変わっていきます。

ということで、カウンセリングがうまくいくかどうかは、この潜在意識というものが大きく関わってきます。この潜在意識をきちんと理解して味方にできたとき、自分自身が大きく変わっていくのです。

次の章では、この潜在意識を味方につけるために、まずはしっかりとこの潜在意識について理解を深めていただきたいと思います。

孫子の言葉に、「彼を知り己を知れば百戦危うからず」という言葉があります。カウンセラー自身が、これらをきちんと理解できていないと、当然クライアントも気づくことができません。

そのことを、しっかりと理解して次の章を読んでみてください。

3章

潜在意識を味方につけろ！

潜在意識とはいったい何か？

カウンセリングがうまくいくかどうかは、潜在意識が大きく関わってきます。さきほど、そう書きました。私はこれまで、たくさんのクライアントとお話をしてきて、本当にそれを実感しています。ということで、この章では、この潜在意識についてしっかりと理解を深めていただきたいと思います。

さて、もう一度聞きますが、あなたは潜在意識という言葉を聞いたことがありますか？　きっとこの本を読まれている方なら、一度は聞かれたことがあるのではないでしょうか。私はセミナーをするとき、必ず「潜在意識という言葉を聞いたことがありますか？」と質問をしますが、最近では、ほとんどの方がご存じです。

人間には、顕在意識と呼ばれる意識と潜在意識と呼ばれる意識の二つの意識があります。さきほども述べましたが、顕在意識とは、見て・聞いて・判断する意識、そして、潜在意識は無意識でした。さて、この二つの意識ですが、意識の中に占める割合は、それぞれどのくらいだと思いますか？　実は、顕在意識はたったの3％～10％程度だと言われているのです。ということは、残りの90％以上が潜在意識ということです。

その話を知っているという方も多いことでしょう。でもこの話、ちょっと不思議ではありませんか？　私は心理学の勉強を始めてすぐに、この顕在意識と潜在意識の割合について教えていただいたのですが、聞いた瞬間「えっ？」と思いました。だって、無意識が90％以上ってどういうことと。一日24時間のうち8時間寝ているとして、たしかに、寝ている間は無意識かもしれません。でも、他は、ちゃんと意識があるし、8／24時間で3分の1が無意識ということならわかるけれど、90％以上が無意識だなんて……。

さて、あなたはどう思われますか？　90％以上無意識だったら、たとえば、どこかに行こうと思っても、ほぼ無意識でフラフラしながら進んでいくことになります。そんな感じがしないでしょうか？　まるで夢遊病のように……。でも、私たちはふだん生活しているとき、そんな夢遊病のような状態ではないですよね。では、90％以上が無意識とは、どういう意味なのでしょう？

何かの間違いではないか？　本当に最初、私はそう思いました。でも、どんな本を読んでみても、やっぱり無意識（潜在意識）の割合は90％以上と書いてあるのです。

そこで、私は思ったのです。仮に、本当に無意識の占める割合が90％以上だとしたら、私が思っている「無意識」と、ここで90％以上を占めていると言われている「無意識」は何か違うのではないだろうかと。いかがでしょうか？　あなたは意識の90％以上が無意識であると言われて納得ができるでしょうか？

そこで私は、ここで言う私たちの意識の90％以上を占める無意識とはどんなものだろう、と考え、いろいろと調べてみました。そして、やっとこの私たちの意識の90％以上を無意識が占めているという話に納得できる答えが見つかったのです。

ではここで、この無意識というものがどういうものなのかをご理解いただくために、ひとつ実験をしてみましょう。では、まず一度大きく深呼吸をしてみてください。ゆっくりと……。

さあ、深呼吸できましたか？　実はこれで実験終了です。「何それ？」と思われたかもしれませんが、ひとつ確認させてください。僕が深呼吸してくださいと言った後、あなたは最初に息を吸いましたか？　それとも吐きましたか？　多分、あなたは息を吸ったのではありませんか？　さぁ、ではあなたはどうして息を吸ったのでしょうか？

私のセミナーでは、よくこの実験を行ないます。すると、ほとんどの人が最初に息を吸われます。だから、私はこう質問するのです。「どうして、最初に息を吸ったのですか？」と。そう聞かれるとほとんどの人が、「えっ？　だって深呼吸は吸って吐いてするものでしょう？」と答えるのです。そこで、私はまた質問をします。「では、あなたは僕が深呼吸をしてくださいと言った瞬間、深呼吸は吸って吐いてするものだから、まず息を吸おうと考えましたか？」するとこれもほとんどの人が、まったくそんなことは考えていないのです。私の「深呼吸をしてください」という、その言葉に合わせて、何も考えずに息を吸ってしまうのです。

では、もうひとつ実験をしましょう。ちょっと手を挙げてみてください。

さぁ、あなたはどちらの手を挙げましたか？　これも毎回する質問なのですが、これは、深呼吸ほど共通の答えがあるわけではなく、右手を挙げる人、左手を挙げる人がいます。

ここで今度は、右手を挙げた人を指して質問します。「どうしてあなたは、右手を挙げたのですか？」と。すると、ほとんどの場合、「右利きだから……」そんな答えが返ってきます。

そこで、また質問をするのです。あなたは私が「手を挙げてください」と言った瞬間、「私は右利きだから右を挙げよう」と考えましたかと。すると、ほとんどの人がそんなことは考えていなかったと答えるのです。

つまり、何も考えずに息を吸い、何も考えずに右手を挙げているのです。そう、これが無意識なのです。さあ、ではこの本を読んでいるあなた。ちょっと体を動かさず、そのままの姿勢でいてください。そして自分の体を見てください。手や足はどんな格好をしていますか？　ひょっとして足を組んでいたり、頬杖をついていたりしないでしょうか？　では、なぜそんな恰好をしているのですか？　いかがでしょうか、多分何も考えずにそんな格好になっているのではありませんか？

そう考えると、さきほどの深呼吸や手を挙げたときと同じように、私たちは意識しないで、いろいろなことをしています。今これを書いている瞬間、僕の左手は左のこめかみあたりを掻いています（笑）。ご飯を食べるとき、箸でご飯を口に持っていくと、自然に口が開き、噛んで、飲み込みます。叩かれそうになると、それをよけようとします。ケガをしたら、かさぶたができて血を止め、傷が少しずつ消えていきます。日焼けして黒くなった肌が、元の白い肌に戻っていきます。髪の毛や爪を切ってもまた伸びてくる。風邪を引いて熱が出たとき、汗をかいて熱を下げようとする……挙げるときりがありませんが、これらすべてを私たちは無意識でやっているのです。そう考えると、無意識が90％以上を占めているという話に納得がいかないでしょうか？

きっとこれで、無意識（潜在意識）がどのようなものなのか、わかっていただけたと思います。私は、最初にカウンセリングがうまくいくかどうかは、この潜在意識が大きく関わってくると言いました。では、この無意識の何が、カウンセリングと関わってくるのでしょうか？

潜在意識は二つに分類される

私たちの意識の90％以上を、潜在意識（無意識）が占めていると述べました。

私たちは、ほとんど無意識で生きているということです。でも、この無意識をもう一度よくよく見てみると、二つに分けることができることがわかります。ひとつは、さきほどの深呼吸の例がありました。「深呼吸してください」と言われた瞬間に息を吸い込むというやつです。

そして、もうひとつ。これもさきほど述べましたが、ケガをしたら、かさぶたができて血を止め、傷が少しずつ消えていく。これも無意識の働きです。でも、この二つは、少し違うと思いませんか？　最初の深呼吸は、実は日本人、あるいは日本語ができる人にしか通じないのです。そうですよね、日本語がわからない人に「深呼吸をしてください」と言っても、多分、深呼吸はしないでしょう。なぜなら、「深呼吸」という言葉を知らないからです。

それに対して、もうひとつのかさぶたができるという話は、日本人に限らず世界共通のものです。人間は誰だって、ケガをしたら血が出るし、かさぶたができて、少しずつ傷が消えていきます。

つまり、前者は学んで得るものであり、後者はもともと持って生まれたものです。

カウンセリングがうまくいくかどうかは、この潜在意識が大きく関わってくると言いました。でも、この「かさぶたができる」の例のように、人間誰でも共通しているものであれば、あまりカウンセリングとは関係がないような気がしないでしょうか。そうなのです。私が、カウンセラーとしてしっかりと理解しておく必要があると考える潜在意識は、前者、深呼吸の方です。つまり、学んで習得することなのです。では、この深呼吸のお話を、もう少し深く見てみましょう。

もう一度思い出してみてください。私はさきほど、「深呼吸をしてください」と言いました。そして、この実験を行なったところ、ほとんどの人が、まず最初に息を吸うということもお話ししました。日本人なら、ほとんどの方がまず息を吸うと思います。

私が外国に行って、日本語がまったくわからない人に対して、「深呼吸してください」と言っても、きっとその人はキョトンとすることでしょう。でも「深呼吸」の言葉がわかっている人であれば、きっと深呼吸してくれるでしょう。つまり、「深呼吸」という言葉を理解できている人は反応し、理解できなかったら反応できないのです。

何を言いたいのかと言うと、実は潜在意識の特徴のひとつに、「入っているものしか出てこない」というものがあります。わかるでしょうか？　「深呼吸をしてください」と言って反応できる人は、深呼吸という言葉を理解できる人です。ということは、その人の中に「深呼吸」という言葉が入っているということなのです。だから、「深呼吸」という日本語が入っていない外国人の方は対応ができないのです。

たとえば、あなたが足を組むとき、どちらの足が上にくるでしょうか？　たぶん無意識で足を組んでいるとき、いつも同じ格好していると思います。右足が上に来る人は右足がいつも上。左足が上の人はいつも左足が上。これも、自分が心地よいポジションを、過去の自分の体験から知っているからです。つまり、潜在意識に「こうしたほうがいいよ」というのが入っているということなのです。あなたが字を書くとき、右手で書きますか？　それとも左手で書きますか？　多分、右利きの人はいつも右手で書いていると思います。そして、左利きの人はいつも左手。たまに両方書く人がいるかもしれませんが、だいたい自分がどちらで書くかは決まっているはずです。これも、自分の中にそういうルールがあるということなのです。

では、いったいいつ、私たちは潜在意識にそのルールを書き込んでいるのでしょうか？

ちょっと赤ちゃんの頃を思い出してみてください。

赤ちゃんに「深呼吸をしてください」と言っても、きっと深呼吸はしないと思います。ということは、赤ちゃんのときには入っていないということです。でも、今の日本人の大人で、深呼吸を理解できない人はいないのではないでしょうか? つまり、最初は入っていなかったのに、どこかの時点で取り込んでいるということです。

深呼吸をしてくださいと言うと、多くの人がまず息を吸うと言いました。でも、これもよく考えると不思議です。だって、呼吸は呼気（吐く息）と吸気（吸う息）から成り立っているのです。であれば、深呼吸をしてくださいと言われたとき、本当は半分ぐらいの人が最初に息を吐いてもいいはずです。でも、ほとんどの人がまず息を吸います。では、この深呼吸を、私たちはいったいどこで取り入れたのでしょうか?

これは、あくまで私の推測ですが、幼い頃のことを思い出してみると、夏休みのラジオ体操で何度も何度も深呼吸をしました。「吸って〜吐いて〜」「吸って〜吐いて」あなたにもそんな記憶がありませんか?

「深呼吸をしてください」と言われた瞬間、多くの人がまず息を吸うというのは、ひょっとすると、このラジオ体操で取り込んだのかもしれません。

実は、私たちの潜在意識は、母親のお腹の中に入っているときから作られると言われています。お母さんの妊娠初期、最初は小さな存在ですが、それが、日々成長して大きくなっていきます。お母さんのお腹の中には十月十日いると言われていますが、この間私たちは、一所懸命に無意識を作っていくのです。呼吸器を作り、内臓を作り、血流を作り、体を作る。最初に書いた、持って生まれるものを作るわけです。そして、赤ちゃんとして生まれてくるのです。

でも、赤ちゃんとして生まれてきたとき、まだ一人前の人間にはなっていません。牛や馬なら生まれた瞬間、すぐに立ち上がり、小さいものの、しっかりと牛や馬をやっています。しかし、人間はそうではありません。生まれたばかりの赤ちゃんは、話せないし、立ち上がれないし、当然歩き出すこともできません。最初に、潜在意識には「学んで得るものがある」と述べましたが、生まれたばかりの赤ちゃんは、まだ何も学んでいないので、その学んで得たものが何も入っていないのです。いわば、真っ白なのです。人間の体をパソコンにたとえると、まだソフトが入っていない状態です。でも私たちは、ここからさまざまなものを取り込んでいくのです。

さて、ではこの潜在意識、いつ頃までにできるのでしょうか？　次にそれを見ていきましょう。

潜在意識は何歳までにできるのか？

私たちは生まれてきた瞬間、まだ潜在意識には何も書き込まれていません。ハードはできているけれどソフトができていない状態です。しかし、生まれてきた瞬間から私たちは、この潜在意識にさまざまなことを書き込むと言われています。見たもの聞いたものを、すべてを取り込んでいくのです。

人間は、生まれてから三歳ぐらいまでは、ほとんど潜在意識で活動していると言われています。実際、赤ちゃんを見ているとそれがわかります。

別に顕在意識を使って、いろいろ判断して行動するのではなく、泣きたかったら泣き、おしっこがしたかったらおしっこをします。これ読んでいるあなたも、生まれてから三歳頃までの記憶はほとんどないのではないでしょうか。つまり、無意識でその時代を生きてきたのです。まあ三歳ぐらいまでの子供が、顕在意識バリバリだとちょっと気持ち悪いですよね。「お母さん、たいへんお忙しいとは思いますが、お腹が減ったので、おっぱいをいただいていいでしょうか……」。そんな赤ちゃんは嫌でしょう。

私たちは、赤ちゃんの頃、見るもの聞くものすべてを自分の中に取り込んでいきます。そして、だいたい三歳ぐらいになったとき、小さいですがちゃんとした人間になっています。お話をしたり、走りまわったり、普通にご飯を食べたり……。実は、私たちの潜在意識は、三歳までに75パーセントが作られると言われています。今の自分が、ほとんど覚えていない三歳ぐらいまでに、何とその多くを作っているのです。

「三つ子の魂百まで」とよく言われます。幼い頃の性格は、年をとっても変わらないという意味で使われる言葉です。まさにこれは、この潜在意識のことを言っているのではないでしょうか。ほとんど目も見えず、自分で動くことさえできなかった赤ちゃんが、走りまわり、言葉を理解し、自分の意志を伝えられるようになる。たしかに、生まれてからの3年間の急成長ぶりはすごいものがあります。

そして、それ以降も四歳、五歳、六歳とどんどん潜在意識にさまざまなものを追加していきます。家族の中で育てられた子供達が、幼稚園、小学校と、また違う世界でさまざまな経験をし、それを自分の中に取り込んでいく。そして、だいたい八歳から十三歳ぐらいでこの潜在意識すべてができ上がると言われています。十三歳と言えば、中学一年生ぐらいです。そんなに幼い頃に、私たちの潜在意識はすべて完成しているのです。

幼い頃に作られる潜在意識。とくに三歳までに75%ができるわけですから、一緒にいる時間が一番長いお母さんの影響を大きく受けると言われています。お母さんがこうしたら喜んだ、こうしたら怒られた、とすべてを取り込んでいくのです。

人間の子供は一人で大きくなることができません。赤ちゃんをほったらかしたら、自分でご飯を食べることができませんから、当然生きていくことはできません。子供が成長するには大人の力が必要です。だから生きていくために、大人に捨てられないよう必死にいろいろなものを自分に取り入れていくのです。

つまり、どんな育て方をされたかが、その後のその人の一生に大きな影響を与えていくのです。たとえば、私のカウンセリングを受けに来たある方は、「自分に自信がない」と言われました。私から見たら、まったくそんな風には見えませんでした。仕事も頑張っているし、人間関係も問題がありそうに思えませんでした。でも、本人は自信がないと悩んでいる。よくよく聞いていくと、その方は幼い頃、お父さんに一度もほめられたことがないということがわかりました。どんなに頑張っても、OKを出してくれないお父さん。彼は、お父さんに認められたくて、どんどん頑張ります。「もっともっと」と。でも、いくらやっても、お父さんは認めてくれない。そして、彼自身の中でも、お父さんに認められない自分はダメだという思い込みが固まっていきました。彼は、大人になってからも、どんなに頑張っても、成果を出しても、こんなのじゃあ全然ダメ、と自分自身を追い込んでいっていたのです。

このように、幼い頃の思いが自分自身を縛りつけている。そんな方が本当に多いのです。でも本人は、無意識にそれを行なっているため、自分自身では気づいていないのです。

潜在意識の特徴

人はこうして、幼い頃にさまざまな経験を通して、自分の中にルールを作っていくのです。この、一度自分の中に取り込んだそのルールは、変えようと思っても、なかなか変えることができません。なぜなら、そのルールそのものが、自分の潜在意識、つまり無意識で行なっているものであり、それを行なっていることにすら気づくことができないからです。悩みを解決するためには、まずはその無意識に気づくことが必要です。そのためのツール、それがカウンセリングなのです。

ぜひ、こういったルールがあるということを頭に入れて、カウンセリングを行なうようにしてください。これが悩みを解決する近道になるはずです。

さて、ここまで潜在意識についていろいろ書いてきましたが、カウンセリングを成功させるためには、やはりこの潜在意識を味方につける必要があります。でも、この潜在意識には、いろいろな特徴があり、それをカウンセラー自身がちゃんと理解していないと、カウンセリングの効率が落ちるのです。そこで、この潜在意識の特徴を覚えていただこうと思います。

潜在意識の特徴① 言葉よりもイメージに強く反応する

まず、最初にご紹介するのは、「言葉よりもイメージに強く反応する」という特徴です。潜在意識とのコミュニケーションは、言葉ではなくイメージにより行なわれます。イメージとは、視覚（映像）のみならず、聴覚や味覚、嗅覚、触覚。つまり五感と呼ばれる感覚です。

たとえば、私はキンモクセイの香りを嗅ぐと学生時代のラグビー場を思い出します。いつも練習していたグラウンドの横にあったキンモクセイ。ちょうど、ラグビーシーズンを迎える秋になるといい香りがしはじめるのです。だから、今でもキンモクセイの香りを嗅いだ瞬間、当時の思い出がよみがえってきます。あなたも、そんな経験がありませんか？　懐かしい音楽を聞くと同時に、ドライブに行ったあのときのことがよみがえってくる、といった感覚です。

だから、私はカウンセリングの中でも、イメージしてもらうことを非常に大切にしています。クライアントが過去の出来事を語り始めたとき、とにかく、当時の状況をイメージしてもらうのです。あのとき、あの場所を頭で考えるのではなく、しっかりとイメージしてもらいます。当時のその場所をありありとイメージすることで、忘れていた出来事や感情がどんどん思い出されていくのです。

潜在意識の特徴②　現実と想像の区別がつかない

二つ目の特徴ですが、潜在意識では、現実と想像の区別がつきません。たとえば、レモンを食べていることを想像すると、実際にレモンを食べているわけでもないのに、自然に唾液が出てきます。なぜなのでしょうか？　もともと、唾液は自分で考えて出しているわけではありません。そう、無意識に出るのです。無意識ということは、つまり潜在意識の働きです。頭では、それはイメージだとわかっていても、潜在意識はそれを本物だと思っています。だから、レモンを見ただけで唾液が出るのです。この潜在意識の特徴を活用して行なわれるのが、イメージトレーニングです。現実と想像の区別がつかない潜在意識には、イメージによるトレーニングもすごく効果があるのです。だから、カウンセリングでもしっかりとイメージするだけで、忘れていた感情がよみがえってきて、あのときの感情をそのままに再体験することが可能になるのです。

潜在意識の特徴③　繰り返されるものを重視する

次の特徴は、「繰り返されるものを重視する」ことです。

潜在意識は、繰り返し起こる状況を重要なものと認識し、しっかりと記憶します。学習を繰り返すことで、しっかりとした記憶となっていくのは、この潜在意識の特徴を利用しているのです。では、カウンセリングを受けに来るクライアントはどんなことを繰り返しているのでしょうか?「どうせ無理」「何でこんなことになってしまったのだろうか?」「私なんて……」。そんな言葉を繰り返している人がやはり多いのです。悩みを解決したいと相談に来たにもかかわらず、ネガティブな言葉を繰り返すのです。結局、その繰り返している言葉が潜在意識の中にしっかりとインプットされてしまうのです。

だから、カウンセラーはクライアントのそんな言動にも注意をする必要があります。本来、カウンセリングとは、アドバイスをするものではありませんが、潜在意識の特徴を伝えることで、気づきが広がるケースもあるのです。

潜在意識の特徴④　論理的な思考能力がない

潜在意識には、論理的判断というものがありません。こうだから、こうなんだよと、いくら言ってもわかってくれません。「わかっていてもできない」。そんな経験は、あなたもあるのではないでしょうか？　このことを見ても、潜在意識には思考能力がないということが理解できるでしょう。ですから、ネガティブなことばかりを考えていると、潜在意識はそれを本人が望むものだと勘違いしてしまいます。前にも書いたように、「私なんて……」といった言葉を繰り返していると、それを潜在意識は完全に信じてしまい「私なんて……」にふさわしい行動を取ってしまうのです。

ちなみに、思考というものは潜在意識ではなく、顕在意識で行なわれます。ですが、90％以上を占める潜在意識の方が、あきらかに顕在意識よりも支配力が大きいため、私たちは思った通りの行動ができないのです。

潜在意識の特徴⑤　否定形が理解できない

潜在意識は、否定形が理解できないと言われています。何のことだろう？　と思われるかもしれませんが、たとえば、緊張しているときに、「緊張しないぞ」と頑張っているとどうなるでしょうか？　きっと、さらに緊張してしまうと思います。それは、潜在意識が「緊張」という部分をキーワードと認識し、緊張についてのことだけが頭の中をめぐってしまうからなのです。緊張したくないのであれば、否定形を用いないで「リラックスする」などの言葉を使うといいでしょう。

私はゴルフが大好きなのですが、ゴルフをしていると、たまにキャディさんが「右側はＯＢですので、右に打たないようにしてくださいね」と教えてくれることがあります。そんなときは「よし、右には打たないぞ！」と思うのですが、打った球はなぜか右に飛んで行ってしまいます。目の前に池があり、「よし、池には絶対に入れないぞ」と思うと、ドボンと池に一直線です。きっと、否定形を理解できない潜在意識が、「右」「池」という言葉に反応しているのでしょう。

では、ちょっと実験をしてみましょう。まず、お月さまをイメージしないでください。

と言っても、もうすでにイメージしてしまったかもしれませんが……。

今日はきれいな夜空です。雲ひとつない空。たくさんの星が輝いています。そして、そこにはきれいな三日月が……（お月さまをイメージしないでくださいね）。この神秘的な夜空を月が見守ってくれています。日々、さまざまな形に変わるお月さま。月からの優しい光が今自分を包み込んでいます。

さあ、どうですか？　まさか、お月さまをイメージしませんでしたよね？

いかがでしょうか？「否定形が理解できない」ということが体感できたでしょうか？　イメージするなと言われても、「お月さま」と言った瞬間、月の映像が浮かんできます。潜在意識って、やっぱりすごいですね。

潜在意識の特徴⑥　時間や空間を認識することがなく、常に「今」であり「ここ」である

潜在意識は、時間や空間を認識することができません。だから、私たちは辛い過去を思い出すと、まるで今起きているかのように感情がよみがえるのです。カウンセリングをしていて、幼い頃の辛かった出来事を思い出して、涙が溢れ出すクライアントもたくさんいます。涙も、意識して出すわけではないのです。無意識、つまり潜在意識が反応しているということなのです。まるで、今ここで起こっていることのように感じ、涙が溢れてきます。

イメージトレーニングは、望ましい未来を想像することで、それが、まさに今ここで起こっているかのように、よりよい感情を感じることで、行動力に結びつけるといった使われ方をしているのです。

潜在意識の特徴⑦　適切な質問には、適切な答えを返してくる

潜在意識への質問には、適切なものとそうでないものがあります。適切な質問とは、どんな答えを得たいのかという目的が明確になっている質問です。たとえば、私たちは悩み事を抱えていると「どうしよう?」と考えます。でも、「どうしよう?」という質問には潜在意識は答えてくれません。なぜなら、前にも述べたように、潜在意識には論理的な思考能力がないから

です。〝考える〟ことは、顕在意識によって行なわれるのです。

だから、この場合の適切な質問とは、「この悩みが解決したらどうなっているだろう？」というものです。これは、悩みが解決した結果（目的）を想像する質問です。想像は、五感を用いるので潜在意識が担当します。こうした適切な質問ができたとき、潜在意識は必ず適切な答えを返してくれます。だからカウンセラーは、クライアントがイメージできるような質問をしていく必要があるわけです。

潜在意識の特徴⑧　常に今を維持しようと働くホメオスタシス（恒常性）

私たち人間は、一定の体温を保った恒温動物です。外気の温度に関係なく、ほぼ一定の体温を維持できる動物です。心臓などの臓器の温度は核心温《かくしんおん》と呼ばれていて、およそ37度に保たれています。これに対して、皮膚や筋肉などの温度は外殻温《がいかくおん》と呼ばれていて、体の内外の熱を入れ替える役割をはたしています。体内温度が高くなると、それを外に放出しなければならないため、汗をかきます。そうやって、自動的に核心温を一定に保つようになっているのです。

ケガをしたら、かさぶたができて血を止め、傷が少しずつ消えていきます。日焼けして肌が黒くなっても、自然と元の白い肌に戻っていきます。髪の毛や爪を切ってもまた伸びてくる。風邪を引いて熱が出たときに、汗をかいて熱を発散させる。これらをすべて、私たちは無意識で行なっています。つまり、潜在意識の管轄なのです。

これと同じように、潜在意識は急激な環境の変化から、自分を守るため現状を維持しようとするのです。だから、たとえば何か目標があり、それを達成したいと思っても、変化を嫌う潜在意識がそれを邪魔してくるのです。

カウンセリングを受けに来る方で、私は何をやっても継続ができない、自分は意志が弱い、と悩んでいる方がいらっしゃいます。でも、これも決して意志が弱いからできないわけではないのです。ただただ、潜在意識が今を維持したいだけなのです。

だから、カウンセラーはその潜在意識の特徴を、常に頭の中に置いていただきたいのです。カウンセリングを進めていくと、クライアントが抵抗を示すようになることがあります。カウンセラー側から見ると、この人は本気で自分を変えようとしているのだろうか？　と疑問を感じることがあります。でも、そこでカウンセラーは、絶対にあきらめてはいけないのです。それは、変わろうとしている証拠だからです。抵抗を示すということは、潜在意識が今を維持しようと必死で頑張っているということです。でも、なぜ潜在意識が必死で頑張るのか？　答えは簡単です。このままいけば、自分が変わってしまう。そう感じているということなのです。だから、今を維持したい潜在意識が動き出すのです。抵抗をしている＝変わる直前ということです。そうとらえて、カウンセラーはあきらめてはなりません。

これは、けっこう厄介な潜在意識の特徴ではありますが、ここを乗り越えてしまえば、この特徴が今度は変わった自分を維持しようと働いてくれます。だから、カウンセラーはクライアントの潜在意識を信じて、きちんと向き合っていきましょう。

潜在意識の特徴⑨　三歳児くらいの幼児と似ている

これまで、潜在意識の特徴をいろいろ述べてきましたが、これを読んでどう思われますか？何だか、幼い子供のようではありませんか。たとえば、最初の特徴「言葉よりイメージに反応する」――幼い子供も言葉をあまり多く知らないので、映像や音にはよく反応します。「現実と想像の区別がつかない」という特徴もありました。幼い子供も、たとえば、ヒーローもののテレビを見ているとき、まるで自分がヒーローであるかのようにふるまいます。そして、「論理的な判断能力がない」――これも幼児と同じです。幼児は、正しいとか間違っているという判断がつきません。幼児に、「やっちゃだめだよ」と言っても、わかってくれません。潜在意識と同じなのです。

まるで、幼い子供のような潜在意識。でも、この潜在意識にはものすごく大きな力がありま す。「三つ子の魂百まで」と言われるように、私たちを何年も、幼い頃に書き込んだプログラム通りに動かしていくほどの力を持っています。だからこそカウンセラーは、この幼いやんちゃ坊主を味方につける必要があるのです。

さまざまな特徴を持つ潜在意識。クライアントの悩みもこの潜在意識の中にあるのです。

4章

カウンセリングの事前準備

カウンセリングの根本原則

ここまでは、カウンセリング概論のようなお話をしてきました。カウンセラーとして、クライアントに寄り添うために必要な考え方です。まずは、それをしっかりと頭に入れてください。

これまでのお話をしっかりと理解して実践するだけでも、私は十分カウンセラーとしてクライアントの話を聞く態勢はできると考えています。しかし、カウンセリングを始めてまだ経験が浅いときは、実際にクライアントを目の前にすると、その思いをうまく引き出してあげられないという現実に直面するはずです。

実際、私も、そうやって何度も何度もうまくいかないカウンセリングを繰り返してきました。そのたびに、クライアントに悪いような気がしていました。「もう、カウンセリングをやめてしまおう」と何度思ったことか。今考えると、それも必要な経験だったと笑ってお話ができますが、やはりそのときは辛かったです。だから、この本を手に取っていただいたあなたには、なるべくそのような思いをしていただきたくないのです。

少し話は変わりますが、私は、大学を卒業して、ある地方銀行に就職しました。初任店でいろいろな業務を覚え、数年後に営業担当となりました。銀行では、やはり営業が花形です。必死に頑張っていましたが、営業担当となって2年ほどして転勤になったのです。

初めての転勤で、私が配属された先は大阪支店でした。当時、私がいた銀行では、やはり東京支店、大阪支店というと特殊な店で、営業担当の私から見たらあこがれの場所だったのです。そこで、私が営業担当として仕事ができることは、本当にうれしかった。

しかし、配属されてみて、やはりその違いに驚きました。地方の店で、預金を集めたり、小口の融資をしたり、そんなことしかやったことがなかった私が、上場企業を相手に融資の話をする。正直言って、何をどうしていいのかまったくわかりませんでした。

毎日毎日、上司はもちろんですが、営業担当の先輩からも怒られました。電話を切ったとたん、「今の話はどういうことだ！　きさま、違うだろう……」という怒号が浴びせられました。当時の私には、何が何だかわからないまま怒られる毎日でした。そして、もうそんな毎日が嫌になったのです。

「よし、俺も勉強しよう」

当時、営業で担当する上場会社を訪問する際には、そこの財務担当部長といろいろな話をさせていただいていました。それまで、福岡の田舎で、零細企業の社長と馬鹿話しかしてこなかった私。それが突然、上場企業の財務部長とお話をしなければならない。ピンと来ないかもしれませんが、企業によっては１００社以上の銀行と取引をされている会社もありました。そこの部長さんは当然、１００社以上の銀行の営業担当といつも話をされているのです。正直、私の何倍も銀行のことについてはくわしいのです。だから、最初の頃は、その方が言っていることの意味がわからなくても、私は質問すらできなかったのです。何の知識もない私。「こんなことを聞いていいのだろうか?」。それすらわかりませんでした。だから、普通に話ができるぐらいの知識を身につけたい、そう思ったのです。

それからは、本当に必死で勉強をしました。そして、少しずつわかってきたのです。そうなると、部長さんと話をしていても、「あれ? それ普通と違うな?」と感じることができるようになりました。そして、普通に質問できるようになっていったのです。すると、周りの目も変わってきました。営業の先輩や上司、支店長からほめてもらえるようになりました。それから私は、仕事が本当に楽しくなったのです。何だかちょっとだけ人生が変わったような気がしたのです。

「突然、何の話?」と思われたかもしれませんが、何を言いたいのかというと、私は銀行員時代、自分が営業として活躍できるように、「財務」という知識を手に入れました。ある意味、営業として勝ち抜くための武器だったのかもしれません。それを手に入れたことで本当に仕事の質が変わりました。だから、カウンセラーとして活躍するためにも、その武器となるものを手に入れていただきたいのです。

もちろん、心理学は勉強しなければならないのですが、カウンセリングを始めたばかりの頃は、クライアントを目の前にしたとき、なかなかその学んだ心理学をうまく使うことができませんでした。

だから、カウンセリングで即戦力となる「カウンセリングで何を話せばいいのか?」という、その具体的な進め方を知ることが一番大切なのです。そのパターンがわかれば、どんなクライアントが来ても、自信を持って話ができるようになります。しかし、この「何を話せばいいのか？」という具体的な内容について、なかなか教えてくれるところがありません。

ということで、ここではカウンセリングの有効なツールとなる具体的なカウンセリングの進め方について、お話をしていきたいと思います。

ただ、そこに入る前に、もうひとつだけ確認をしたいことがあります。それは、カウンセリングの根本原則です。

2章の「クライアントはウソつき」の中で、クライアントを信じる二つのポイントというお話をしました。覚えていますか？　ひとつは、「クライアントは、みんなOKである」でした。そして、もうひとつは、「人は、自ら自分の運命を決め、そしてその決定は変えることができる」でした。

私は、カウンセリングを行なうとき、この二つのことを一番根本に置いて話を聞いていきます。すべてのカウンセリングを、ここから始めていくのです。どういうことかというと、「本来OKなはずなのに、OKでない現状がある」「自分で変えることができるはずなのに、全然変わらない」。ということは、そこには本来の姿から外れる原因があるはずなのです。

だから、カウンセリングでは、なぜそんなことが起こるのか？　その原因を見つけていくのです。その原因はどこにあるのか？　ここまで読んでいただいたあなたならもうわかると思います。すべて潜在意識の中にあるのです。だから、なかなか気づくことができないのです。カウンセリングとは、本来あるべき姿に戻るために、その障害となる自分の考え方を見つけていくものです。だから、解決できない問題なんて絶対にないのです。

ということで、根本原則をしっかりと頭に入れて、カウンセリングの具体的な進め方に入っていきましょう。

カウンセリングは申込み段階から始まっている

カウンセリングを行なう前には、当然、クライアントが何かからあなたのことを見つけ、カウンセリングの申込みをしてくれたわけです。それは、ブログやホームページかもしれないし、フリーペーパーかもしれません。あるいは、口コミで誰かからご紹介いただいたのかもしれません。どんな形であれ、あなたを見つけて、そして、勇気を出してお申し込みをしてくれたということです。

そこで、まず重要なのは、一刻も早くクライアントに対して連絡を取ることです。せっかく申込みをしたのに連絡がないと、信頼関係を作ることが一番大切なのに、いきなり信頼を失ってしまうことになってしまうからです。

ここで、ひとつ間違わないでいただきたいことがあります。今、「一刻も早くクライアントに連絡を取る」と言いましたが、ひょっとするとあなたは、そのことに違和感を感じなかったでしょうか？

感じたという人は、きっと申込みを電話で受けているのではありませんか？　電話で申込みを受ける場合は、当然その場で完結するわけで、改めて連絡を取る必要がありません。

でも、話がちょっとそれてしまいますが、私は電話でカウンセリングの申込みを受けることはあまりお勧めしません。実際、私の知り合いのカウンセラーも、電話でカウンセリングの申込みを受け付けている人はいるのですが、話を聞くと、「問い合わせの電話はあるんだけど、それがなかなか申込みにつながらない」と悩んでいました。なぜ、そんなことが起こるのか？

マッサージとか、ウェブデザイナーとか、あるいは物販の店ならホームページなどに目立つように電話番号を記載して、「お気軽にお問い合わせください」と書くのは有効かもしれません。

実際に、コピーライティングの本などを読むと、「電話番号などの問い合わせ先は、わかりやすい場所に大きく、目立つように表示しましょう」と書いてあります。しかし、カウンセリングの場合、これがなかなかうまくいかないのです。

なぜなら、カウンセリングというものは、お話をすることそのものが商品であるわけです。それなのに、お気軽にお問い合わせくださいと書いてしまうと、本当に気軽に電話をかけて来られます。そして、本来カウンセリングで聞かせていただくようないろいろな悩みについて、その電話を使って相談し始めるのです。

悩んでいる方が、わざわざ電話をかけて来られるわけですから、カウンセラーとしては、さすがにないがしろにするわけにはいきません。そうすると、電話をかけてきたクライアントは、どんどん自分の悩みを話し始めます。

それで実際にクライアントの悩みが解決できるのであれば、そういう方法もあるかもしれません。しかし、やはり悩みを解決するためには、自分を変える必要があるのです。それを、無料ですませようとしても、その時点で、自分を変える覚悟が足りないと思います。だから、無料セッションではなかなかクライアントは変わりません。

ということは、せっかく相談に乗ったとしても、それが無駄になってしまう可能性のほうが高いのです。そんな理由から私は、申込みは、メールや申込みフォームを使って受け付けるようにしています。

さて、話を元に戻すと、カウンセリングの申込みを受けたら、すぐにお返事をする、でしたね。私は受けた申込みには、必ずメールで返信するようにしているのですが、そのとき、当然ですが、カウンセリングを実施するにあたって必要な情報の聞き取りもしていきます。たとえば、カウンセリング日程の調整だったり、カウンセリングの方法などです。

そして、もうひとつ必ず私が聞くのが、「どんなことを相談したいと思っているのか？」ということです。何のためにカウンセリングを受けるのか？　それを明確にしてもらうのです。申込みフォームの中に、【相談内容】などの項目を作るのもいいかもしれません。

そうやって、お話をする前に相手の情報をある程度つかんでおくのです。そうすることで、カウンセラー自身が、しっかりと準備ができるし、何よりも、クライアント自身の準備もできるのです。

また、話が変わってしまいますが、ＲＡＳ（網様体賦活系）という言葉を聞いたことがあるでしょうか？　実は、私たちの脳にはこのＲＡＳというフィルターがあると言われています。記憶をする・しないを選別するフィルターと思っていただければいいでしょう。

私たちの脳に、もしこのフィルターがなく、生活で起こるすべてのことを覚えていたらどうなると思いますか？　答えは、パニックになるそうです。だから、不要なものを記憶しないように、このフィルターで守っているのです。

たとえば、今日何台の車とすれ違いましたか？　と聞かれても答えられないはずです。つまり、必要でないと判断した情報は、脳に入れないようにガードされているわけです。

私たちは、自分が必要だと認識したものしか情報として受け取ることができません。

では、ここでひとつ実験をしてみましょう。

ぐるっと、自分の周りを見てください。５秒くらい、あなたのいるその場所を見回してみてください。見回すことができましたか？　では、ここでひとつ質問をさせてください。

なお、質問に答えるまで周りを見ないでください。

では、質問です。今、自分の周りをグルッと見ていただきましたが、そこに赤いものはありましたか？

いかがでしょうか？　「赤いもの」で、何か思い浮かびますか？　住み慣れた場所であれば、「あれが赤いな」「これも赤いな」と出てくるかもしれませんが、「突然言われても思い浮かばない……」という方もいらっしゃると思います。

では、もう一度周りを見回してください。そうすると、赤いものが目に入りませんか？　ちゃんと「赤いもの」と、最初から認識していればそれが目に入ってくるのです。私たちの脳は、そんな仕組みになっているのです。

だから、カウンセリングを行なうときも、事前にクライアント自身に、自分の悩みをしっかりと整理してもらうのです。そして、申込みフォームやメールなどでそれを伝えてもらう。ただ、言葉にするだけでなく、文章で伝えることで、しっかりと整理できるようになるのです。

カウンセリングがうまくいくかどうかは、カウンセリングの最中に何を話すのか、だけでは決まりません。こうして、しっかりとカウンセリングを行なう前から準備をしておくのです。クライアントの悩み解決のためには、手間を惜しんではならないのです。この姿勢ができていれば、必ずカウンセリングもうまくいきます。

カウンセラーの事前準備

カウンセリングを始める前から、きちんと準備をすることが大切と述べましたが、私は申込みフォームの中に、二つの質問を入れています。

ひとつは「今回のカウンセリングは、どんなテーマでお話したいですか？」という質問と、もうひとつは、「あなたのことを教えてください（どんなことでも結構です）」という質問です。必須項目としているわけではありませんが、ほとんどの方が内容を書いてくれます。きっと、早く聞いてもらいたい、しっかりと自分を知ってもらいたいという思いからではないでしょうか。カウンセリングを受けに来るクライアントは、みんなそれだけ必死なのです。

実際に、どんなことを書かれるのか。いただいた内容を読んでみてください。

① 人を信じることができなくなってきています。とくに男性に対してひどいです。過去、立て続けに、お付き合いをしていた男性が、いきなり連絡をしてこなくなりました。それまでは、「好きだよ！」の連発だったにもかかわらずです。さらに最近、ある人からあからさまなウソをつかれました。私にとっては、信じていたのに裏切られた、口先だけの人だった、とショックで……。私には人を見る目がないんだ、とかなりショックを受けています。いったいどんな人だったら信じていいのか？　最近は、うつ気味で、精神状態がよ

くないこともあって、職場では作り笑顔を見せていますが、公共の場、たとえば、電車の中などでは、人の顔を見るのも嫌で、知らない人と目を合わせるのも気分が悪くて仕方がありません。どうしたらいいのでしょうか?

もうひとつご紹介します。

② 家族仲もよく、仕事や友人関係については、日々とても充実していると感じるのですが、以前から、夫の両親や親戚との関係がとても億劫で自分の中で気になっています。夫の両親は年代的に考え方が違うところもありますが、とても優しいし、私たちのことを気遣ってくれます。でも、関わるのがものすごく億劫なのです。それは、私自身の親や親戚との関係を投影している面もあると思います。つい最近も、義母が体調を崩し、頭では、こういうときこそご恩を返さなければと思い、毎日見舞いに行き、義父のご飯をつくったりしましたが、心の奥では「私の貴重な時間なのに」「せっかく(家庭や仕事)はうまくいっているのに、じゃまをしないでほしい」などと思っている自分がいます。義父母も高齢なので、そろそろ近くに住んでほしいという感じになってきて、義父母のためにも息子のためにも、多少田舎で不便になっても、一緒にいることはよいことだしと思いつつも、心では「絶対に行きたくない」と思っている自分がいます。私自身の問題を解決して、もっと

気持ちよく義父母に接することができる私になりたいと感じます。

いかがでしょうか？　悩みの内容は一人ひとり違います。でも、こうして、みなさん自分の悩みを克服したいと必死で書いてくださるのです。

事前の準備をすることが大切である、ということから、まずはクライアントにこうして自分の悩みを整理していただきます。では、次に必要なのは、何だと思いますか？　そうです。カウンセラー側も事前の準備が必要なのです。

こうしていただいた相談内容は、当然のことですが、私はこれをしっかりと読み込みます。そして、事前の準備に取りかかるのですが、もし、あなたがこの①の相談を受けたとして、事前の準備として何をしますか？　ちょっと考えてみてください。

実は、事前の準備はこうすればいい、という正解があるわけではありません。カウンセリングにもいろいろな種類があると思いますので、それぞれのやり方があっていいのですが、ひとつだけ、事前準備でしてはいけないことがあるのです。

事前準備でしてはならないことは、「解決策を考えること」です。どうですか？　あなたはこの①の相談内容を読んでみて、どうすれば解決できるだろうか？　なんて考えませんでしたか？　この①の相談だったら、私ならこんな話をして、こう持っていこうかな。あ！　あの話もしてあげたら喜んでくれるかもしれない……」などと。

何度も書いていますが、カウンセリングはアドバイスをするためのものではありません。実際に今、もしあなたの中に、こうしたらいいのでは？　とひらめいたことがあったとしても、それをどんなに伝えても、クライアントはまず動こうとはしないはずです。なぜなら、クライアントは有料カウンセリングであなたのところに来る前に、必ずいろいろな人に相談をしているはずだからです。だから、自分の悩みについての答えのバリエーションは、どんな人よりも多く取り揃えているのです。だから、そんな解決策を提示しても何の意味もないのです。

そもそも、①にしても②にしても、クライアントの悩みはこんなに少ない文字数で言い表わせるような、そんな生半可なものではありません。もっともっと、この文字の行間に詰まったたくさんの出来事を抱えて、悩んで悩んで相談に来ているのです。

はっきり言うと、カウンセリングを受けに来るクライアントの悩みは、そんなに簡単なものではないのです。

では、私がこうしてカウンセリングを受け付けたとき、どんな事前の準備をしているのかをご紹介します。私のカウンセリングは、これまでにも何度も書きましたが、「現場検証」です。クライアントが話す内容を、一つひとつ現場検証することで、そこにある悩みの原因が浮かび上がってくるのです。だから、いただいた文章から、現場検証すべき場所をある程度特定していくのです。これが、私の事前準備です。そう言われてもピンと来ないかもしれませんので、どういうことなのか？　この①を使ってご説明します。

最初の文章に、「人を信じることができなくなってきています」とあります。これを読んで、あなたはそれがどういうことか理解できますか？　多分、多くのカウンセラーが「そうなんだな」とスルーするでしょう。あまり深く考えないはずです。でも私は、こういうところを大切にしています。だって、自分が考える「人を信じることができない」と、クライアントの「人を信じることができない」のレベルは絶対に違うからです。だから、クライアントにとっての「人を信じることができない」のレベルを知る必要がある、と考えるのです。

その後の、「立て続けに、お付き合いをしていた男性が、いきなり連絡をしてこなくなりました」というのも、立て続けって……いったいどれだけの人数だろう？　2〜3人かな？　それとも、100人レベルかな？　次の、「最近、ある人からあからさまなウソをつかれました」についても、あからさまなウソって、どんな状況でどんなウソをつかれたのか？　あからさまなウソであれば、すぐに見破ることができるのではないか？　などです。

要は、この段階では、まだ何も判断できる根拠がないということなのです。だから、当然、アドバイスなんてとんでもないことで、絶対にできるわけがないのです。

こうして、いただいた相手の悩みの文章をしっかりと見つめ直し、現場検証すべき場所の確認をしっかりと行なっておく。これが、カウンセリングの本番で活きてくるのです。

では、次は実際のカウンセリングのやり方に入っていきましょう。

カウンセリング　最初の一言

ここまでで、カウンセリングの事前準備は完了しています。今日はカウンセリングの日で、今、あなたの目の前にクライアントが座っています。さあ、あなたはこのクライアントに何と言って話しかけますか？

あなたが、初めてカウンセリングをしたときのことをちょっと思い出してみてください。どうでしたか？　どんなことを考えていましたか？　ひょっとすると、まだあなたは実際のクライアントに接したことがないかもしれません。もしそうであれば、初めてのクライアントを前に、どんな気持ちでいそうですか？

私は、今でも初めてカウンセリングを行なったときのことをはっきりと覚えています。正直、すごく緊張していました。私なんかが、本当に役に立てるのだろうか？　自信がなく心臓はドキドキ……。うまくいかなくて、文句を言われたらどうしよう。役に立てなくて怒られたらどうしよう。そんなことばかりを考えていました。実は、そんな時期が結構続いたのです。なかなか慣れずに、いつも「今日はうまくいくだろうか？」と。

でも、やっぱり失敗も多かったのです。クライアントに苦情を言われたことも一度や二度ではありません。今だから笑って話せますが、当時は本当に凹んでいました。でも、そんなある日、私は、そんな状況を先輩カウンセラーに相談したのです。「クライアントに文句を言われたことありませんか？」「もしあったら、そんなときどう対処しましたか？」と。そんな私に、先輩は一言、「文句を言われたことなんかないよ」と言ったのです。

「えっ、本当に？」と一瞬、その先輩を疑ったのですが、彼の話は真実でした。そしてその後、その先輩からこう言われたのです。「向いている方向が違うんじゃないの？」

「向いている方向？」って、どういうことだろう？

あなたは、この先輩の言っている「向いている方向が違う」という意味がわかるでしょうか？

この先輩は、クライアントからクレームが来るのではないか？　と心配している私に、意識を向ける方向が違うと教えてくれたのです。そう、私はずっと目の前のクライアントではなく、自分のことを心配していたのです。文句を言われたらどうしよう？　怒られたらどうしよう？　悩みを解決したくて、わざわざ私のところに来てくれたクライアントを目の前に、心配しているのは自分のことだったのです。さあ、あなたは、そんなカウンセラーのカウンセリングを受けたいと思うでしょうか？

きっと、NOだと思います。「自分のことばかりを考えて、クライアントを見ていないカウンセラー」。考えただけで、そんなカウンセラーのカウンセリングは受けたくありません。

あなたがもし、初めてのカウンセリングで緊張しているのであれば、あなたの目の前にいるそのクライアントは、あなたの何倍も緊張しているはずです。あなたが、うまくいかなかったらどうしようと悩んでいるのであれば、あなたの目の前にいるそのクライアントは、あなたの何倍も重い悩みを抱えて本当に苦しんでいるのです。だから、あなたの意識のベクトルを、まずはその目の前のクライアントに向けてください。そして、その人の悩みを解決するために全力を尽くすと、自分自身に誓ってください。あなたのベクトルが、クライアント向きに変わったとき、クレームを言うクライアントも消えてしまいます。

考えてみてください。あなたがクライアントだとして、あなたの目の前にいるカウンセラーがあなたのことを全力で考えてくれている、と感じ取ることができたら、そんなカウンセラーに文句を言う気になるでしょうか？　うまくいかなくても、きっと、そのクライアントは、あなたの心の向きを感じ取り、あなたに感謝してくれるはずです。

私は今、私のカウンセリングを受けてくれるクライアントのために全力を尽くしています。何があっても、クライアントを信じて、全力で話を聞いていくのです。そうすると、クレームを言うクライアントなんて現われません。自分の意識のベクトルが変わった瞬間、クライアントがみんなすばらしい人に変わってしまうのです。

さて、ここまでを読んで、カウンセリングで何が大切なのか、おわかりいただけたと思います。そう、カウンセリングで大切なのは、クライアントとの信頼関係なのです。「このカウンセラーさん、私のために全力で取り組んでくれている」と、クライアントが思うことができたとき、カウンセラーに心の声を伝えることができるようになるのです。

クライアントとカウンセラーの信頼関係、これを、心理学用語では「ラポール」と呼びます。

とくに、初めてのカウンセリングの場合、いかにクライアントとのラポールを築くことができるか？　それが、カウンセリングの良し悪しを決定します。

さて、それでは話を最初に戻しますが、初めてのクライアントが目の前に座っています。これからカウンセリングが始まります。そんなとき、どんな話から始めればいいのでしょうか？

あなたなら、何を話しますか？　ひょっとすると、事前にいただいていたアンケートの内容から入るという方もいらっしゃると思いますが、私は初めての人の場合は、まず雑談から入ります。「どちらから来られたのですか？」「どうやって来られたのですか？」「迷わず来られましたか？」と、そんな話をしていきます。たった今終わったことを聞く。これは、誰にでも答えられる質問です。緊張していようが、ラポールが築けていない状態であろうが、気軽に話すことができるのです。

そこから、私はしりとりを始めます。いやいや、別にしりとり遊びをするわけではありません。まるでしりとりのように、話をつなげていくという意味です。

「迷わず来られましたか？」

「いや、それが迷ってしまって。すみません、遅くなってしまって」

「いいえ、全然大丈夫ですよ。そう言えば、ご自宅は△△でしたね。遠いところからわざわざ来ていただき、本当にありがとうございます。じゃあ、こちらに来るのは初めてですか？」

「いいえ、実は幼い頃に住んでいたことがあったんです」

「えー、そうなんですね。いつ頃ですか？」

「小学校三年生の頃まで、こちらにいましたね。でも、父が転勤族で……。結構いろいろなところに行ったんです」

「そうなんですね。全国いろいろと回られたんだ。うらやましいな……」

「いえ、とんでもないですよ。当時は、長くて2年で引っ越していましたから、全然友達もできずに、つらい毎日でしたね」

「2年ごとに、ですか……。それはたいへんでしたね。お父様はどんなお仕事をされていたのですか？」

「普通のサラリーマンなんですけど、転勤の多い会社でして……」

「お父さんは、今もお元気ですか？」

「それが、ここ1、2年は病気がちで、今は兄夫婦と一緒に暮しているのですが、何か最近すっかり衰えちゃって……。昔のあの怖い父が、ちょっと懐かしいような気もします」


いかがでしょうか？　ただの雑談でしょう？

でも、実はこの雑談が大切なのです。私は、現在の話から、しりとりのように出てくるワードをつなぎ合わせて、いろいろなことを聞いていきました。

すると、何が起こるのか？　そうです。最初は今の話だったのに、いつの間にか過去にどんどんさかのぼっていくのです。

ちょっと潜在意識の話を思い出してみてください。私たちの潜在意識は幼い頃に作られるという話をしましたね。だから、この短い時間で行なう雑談も、今の私たちを形成している幼少時代まで、まるでしりとりでもしているかのようにさかのぼっていくのです。これができると、たった5~6分ですが、クライアントは、このカウンセラーはしっかりと自分の話を聞いてくれている。そんなラポール状態＝信頼を勝ち取ることができるようになるのです。

しりとりカウンセリングで現場検証

さきほど、カウンセリングについて、まるでしりとりでもしているかのようにさかのぼっていく、と書きましたが、その意味がわかりますか？　私は、カウンセリングを本当にしりとりのようなイメージでとらえています。クライアントの言葉をしっかりと聞き、そして、もっとも大切だと思う言葉をつかまえて、クライアントからその先を引き出していくからです。

さきほどの文章を、もう一度見てください。

「迷わず来られましたか？」

「いや、それが迷ってしまって。すみません、遅くなってしまって」

「いいえ、全然大丈夫ですよ。そう言えば、ご自宅は△△でしたね。遠いところからわざわざ来ていただき、本当にありがとうございます。じゃあ、こちらに来られるのは初めてですか？」

「いいえ、実は幼い頃に住んでいたことがあったんです」

「えー、そうなんですね。いつ頃ですか？」

「幼い頃に住んでいたことがあった」という言葉を聞いた瞬間、「いつ頃ですか？」とクライアントの言葉を明確にしていく、すると、それに対して、「小学校三年生の頃まで、こちらにいましたね。でも、父が転勤族で……。結構いろいろなところに行ったんです」という回答が返ってくる。

そうしたら、それを受けて、この文章の中で大切だと思う部分に突っ込んでいきます。

「そうなんですね。全国をいろいろと回られたんだ。うらやましいな……」

ここで、「うらやましいな」という自分の気持ちを伝えてみました。すると、どうなるか？

こちらの気持ちを伝えると、相手もきちんと気持ちを返してくれるのです。

「いいえ、とんでもないですよ。当時は、長くて2年で引っ越していましたから、全然友達もできずに、つらい毎日でしたね」

カウンセラーが気持ちを伝えると、クライアントが気持ちを返します。

そして、このようにクライアントが、自分の気持ちを伝えてくれたときは、そのすべてを受け入れることが大切です。心の中で、「あなたはそういう気持ちだったのですね。大丈夫です」

とクライアントの気持ちを理解してあげるのです。

クライアントに浮かんでいる気持ちは、それがどんなものであれ、認めていきます。「えっ、普通そんな気持ちにならないよね」と、仮に思ったとしても、それは、あなた自身の問題です。クライアントの問題ではありません。どういうときに、どのような気持ちになるのか？　それは一人ひとりが違うのです。だから、カウンセラーは、それをしっかりと認めて、「あなたはそんな気持ちだったのですね」と承認していくのです。

そして、またさらにその話を深めていきます。

「2年ごとに、ですか……。それはたいへんでしたね。お父様はどんなお仕事をされていたのですか？」

「普通のサラリーマンなんですけど、転勤の多い会社でして……」

「お父さんは、今もお元気ですか？」

「それが、ここ1、2年は病気がちで、今は兄夫婦と一緒に暮しているのですが、何か最近、すっかり衰えちゃって……。昔のあの怖い父が、ちょっと懐かしいような気もします」

さきほどの事例では、ここまででしたが、ちょっとこの先を考えてみましょう。

さあ、あなたなら、「それが、ここ1、2年は病気がちで、今は兄夫婦と一緒に暮しているのですが、何か最近、すっかり衰えちゃって……。昔のあの怖い父がちょっと懐かしいような気もします」とクライアントが言ったとき、どう返しますか？

最も大切だと思う部分を深めていく、とさきほど述べましたが……私なら、「昔のあの怖い父が……」という部分が気になります。だから、ここを深めていくのです。

深めると言われても、ピンと来ないかもしれませんが、ここで、現場検証を思い出してください。そうです。昔のあの怖い父を再現していくのです。どうやるか？　ちょっと見ておいてくださいい。私なら、次のように進めていきます。

「昔、お父さんは怖かったのですか？」

「はい。ものすごく怖くて、兄と一緒によく怒られました」

「そうなんですね。お兄さんと一緒に怒られたことで、今何か、ふと浮かぶ出来事ってありますか？」

「怒られたことですか……。いろいろありますよ。いっぱいありすぎて……」

「きっと、いっぱいあると思うのですが、今、ふと浮かぶ出来事ってありますか？」

「そうですね〜。そう言えば、幼い頃、父方の祖母も一緒に住んでいたのですが、その祖母に一度大声で文句を言ったことがあったんです。そのときは、すごく怒られましたね」

「そうなんですね。なぜ、おばあちゃんに大声で文句を言ったのですか？」

「いや、つまらないことなんですが……。その頃、私がすごく気に入っていたジャージのズボンがあったんですね。私はそのズボンが大好きで、いつもはいていたのですが、はきすぎて、膝の部分が破れていたのです。私は、全然そんなことを気にしてなかったのですが、それを祖母が気になったのでしょうね、そのジャージの膝の破けている部分にあて布をして、補修してくれたことがあったんです。私は、それを見て、こんなの恥ずかしくて学校にはいて行けないって、祖母にそのズボンを投げつけて……。そうしたら、隣にいた父が切れまして、むちゃくちゃ怒られましたね」

「へー、そんなことがあったんだ。でも、むちゃくちゃ怒られたって、どんな感じなんですか?」

「いや、もうボコボコに殴られて……そりゃあもうひどかったですよ」

クライアントが、何となく漠然と話したことを、このようにもう一度再現していくのです。このやり取りを見ているだけで、何となく、そのときの雰囲気を感じませんか? これが、私が言う「現場検証」なのです。

現場検証をするために、細部まで具体的に聞いていきます。このやり取りで言うと、「ふと浮かぶ出来事ってありますか?」の部分です。漠然とした話ですませるのではなく、まさに、再現フィルムを見ているかのように、細かく具体的に聞いていくのです。これができるようになると、クライアントがそのときに感じた感情を再体験できるのです。

「雑談」を例にとり、カウンセリングの進め方を説明しましたが、実際のカウンセリングでも、これと同じように進めていきます。だから、大切なのは次の三つです。

一、クライアントの話した言葉を深めていく

二、クライアントの気持ちはすべて受け入れる(承認)

三、常に現場検証を心がける

この三つがしっかりとできれば、クライアントは忘れていた出来事、そのときに感じた感情を取り戻すことができるのです。

いかがでしょうか？　私の言う、しりとりカウンセリングの意味は伝わったでしょうか？

では、このやり方をもとに、カウンセリングをどのように進めていくのか？　今度は、カウンセリングの実際のやり取りを元に、検証していきたいと思います。

カウンセリングには二つのステージが存在する

カウンセリングを進めるうえで大切な三つのポイントを押さえながら、実際のカウンセリングのやり方を説明していきたいと思います。でも、その前に、もうひとつお伝えしておかなければならないことがあります。

それは、なぜ今の悩みを解決するために、忘れていた出来事を思い出す必要があるのか？過去に感じた感情を再体験する必要があるのか？　ということです。それは、これまでにも何度も述べてきました。私たちの悩みの原因が、今にあるのではなく、過去の経験の中にあるからです。

でも、過去の経験を変えることはできません。普通はそう考えると思いますが、実は違うのです。だって、過去の経験の中に問題があるのであれば、やっぱり過去を変えないと、その問題は解決できません。私は、そう考えます。何だか変なことを言い始めたぞ……と思われるかもしれませんが。でもたしかに、タイムマシンに乗って過去に戻って、過去を変える、なんてことはできません。でも、タイムマシンがなくても過去を変えることはできるのです。

では、どうすれば過去を変えることができるのでしょうか？

少し話は変わりますが、「ルビンの壺」をご存じでしょうか？　黒い背景に白い壺が描かれている絵なのですが、１９１５年頃にデンマークの心理学者エドガー・ルビンが考案した図形です。

その絵は、白い部分を見ると、普通の壺の絵に見えます。でも、目線を変えて黒い部分を見ると、向き合った二人の顔に見えるのです。同じ絵なのに、違って見えるのです。

ひとつの絵に、二つの見方がある。

ルビンの壷

私は、これがカウンセリングだと考えています。少しわかりづらいですね。私たちは、過去にいろいろな出来事を体験してきました。でも、この経験してきた過去は、すべて、過去の自分のそのときの目で見てきた、そのときの耳で聞いてきた、そのときの体で感じてきた体験なのです。さきほどのルビンの壺で言うと、白い壺ばかりを見ているのと同じです。実は、その背景にはそのときの私たちには気づくことができなかった背景が存在しているのです。

だから、カウンセリングで過去を再体験することで、その背景を確認していくのです。

仮に、幼いころに傷ついた自分がいたとします。そのことが原因となって、今思うようにいかない現実が起こっている。そんなときに、もう一度しっかりと、その過去と向き合ってみるのです。今このときに、過去のその出来事をもう一度感じてみるのです。でも、よく考えてみると、過去のそのときと今とでは、明らかに違う部分が二つあります。ひとつは、そのときよりも成長しているということ。私たちは日々成長しているのです。だから、あのときの幼い自分と今の自分は、間違いなく違います。そしてもうひとつ、その経験は、もうすでに、一度経験したことがあるものなのです。だから、先が読めるし、冷静に周りを見ることも可能です。

こうして、過去の出来事を違う目線で見ることで、過去を書き換えることが可能になるのです。

さてそれでは、これを踏まえて、実際のカウンセリングの話に入っていこうと思うのですが、実は、カウンセリングには二つのステージがあります。ひとつの悩みを解決するために、二つのステージをクリアする必要があるのです。ひとつは、自分の今の悩みの原因がどこにあるのかを見つけ出すステージ。そして、もうひとつのステージは、その見つけ出した原因を自分の中で書き換えて乗り越えるステージです。この二つがうまくいったとき、初めて自分を変えることができるのです。

でも、これを読んで、悩みの原因くらい、クライアント自身が自分でわかるのでは？　と思われるかもしれませんが、実はこれが初心者カウンセラーのカウンセリングがうまくいかない原因となっているのです。

はっきり言って、私のところに相談に来られるクライアントで、自分の悩みの原因をきちんと把握しておられる方は、ほとんどいらっしゃいません。ほとんどの方が、自分がなぜ今その悩みを抱えているのかをわかっていないのです。わかっていないから、なかなかその悩みを解決することができないのです。

このファーストステージ（原因を見つけ出す段階）をクリアできたら、カウンセリングの8割は終わっています。私はそう考えています。それくらい、この原因を見つけ出すことは大切なのです。しかし、多くのカウンセラーがそこをないがしろにしてしまいます。クライアントが話す悩みの原因を素直に受け入れて、その偽物の悩みの原因を解決しようとするのです。だから、当然のことですが、その悩みを解決することができないのです。

私の中では、この二つのステージのカウンセリングの進め方は、基本は同じなのですが、具体的な進め方はまったく違います。そこで、次の章では、この二つのステージにおけるカウンセリングの進め方をいろいろな事例を見ながら解説していきたいと思います。

5章 カウンセリングの進め方

カウンセラーに必要な三つの基本的考え方

カウンセリングには、二つのステージが存在すると述べました。

ひとつは、自分の今の悩みの原因がどこにあるのか？　それを見つけ出すステージ。そして、もうひとつのステージは、その見つけ出した原因を自分の中で書き換えて乗り越えるステージでした。この二つをクリアできたとき、自分を大きく変えることができるのです。

この章では、この二つのステージをクリアするために必要な、具体的なカウンセリングの進め方をお話ししていきます。

事例を使いながら、説明をしていきますが、その前に、もう一度、カウンセリングの三つのポイントを確認してください。
一、クライアントの話した言葉を深めていく
二、クライアントの気持ちはすべて受け入れる（承認）
三、常に現場検証を心がける
この三つのポイントを、常に意識しながら話を進めていきます。それがきちんとできたとき、クライアントはこの二つのステージをクリアすることができるのです。

しかし、実はもうひとつ、この三つのポイントを実行するために必要な考え方があるのです。でも、この考え方を基本に置くことで、どんなクライアントとでも話せるカウンセラーになる

ことができるのです。

①クライアントの話を客観的にとらえる

そんなこと当たり前じゃないか、と思われる方がいらっしゃると思いますが、でも、意外とこれができていないカウンセラーは多いのです。

クライアントが話す内容を知る前に、自分の経験に当てはめて考えてみる。そうすると、あのときはこうだった、こうやって失敗した、そんな思いが浮かんできて、ついついアドバイスをしたくなります。何度も書きますが、アドバイスでは人は変わりません。だから、カウンセラーは主観的にとらえるのではなく、すべてを客観的にとらえていくのです。主観が入ると、問題の本質が見えなくなってしまいます。常に、第三者であることを忘れずに、冷静に客観的に物事をとらえていくのです。自分と同じ経験をした人は、この世には一人もいないのです。絶対にそれを忘れてはなりません。

②クライアントの話を好意的にとらえる

人は誰でもOKである、という考え方をもってカウンセリングに臨んでください、という話をしました。OKであるとは、つまり相手を認めているということです。あなたは大丈夫ですよと、常に、そのポジションからクライアントを見ていくのです。

あなたが過去に人を好きになったときのことを思い出してみてください。その人のことについて、その人の行動について、その人の言動について、すべて好意的にとらえていなかったでしょうか？　それと同じなのです。

たとえば、「私は何もできないんです」――そんな悩みを持つクライアントがいたとしたら、「あー、そうなんですね。あなたは何もできないのですね」と言うのではなく、そういうクライアントを好意的な視点から見ていくのです。つまり、「何にもできないなんてことないよね」というポジションです。できないというクライアントの、できていることを探していくのです。すると、たくさんのできていることが見えてくるはずです。そこで、本当に、この人は何もできないかも……？　と思ったとしても、「今、こうしてそんな自分を変えようとあなたは私のところに来ているじゃないですか」と。必ず、できていることは何かあるのです。

③起こっている出来事をチャンスととらえる

カウンセリングを受けに来る方の多くが、いろいろな困難な問題を抱えておられます。でも、困難な状況であればあるほど、それを乗り越えたときの成長は大きいのです。目の前に起こる出来事は、自分にとってすべて必要なことである。私は、常にそう考えています。自分を成長させるために起こっているのです。

自分を分析する方法として、「ライフラインを描く」という作業があります。ライフラインとは、主観的な幸福感の度合を縦軸に、年齢を横軸に設定して、そこに、今日までの自分の歩いてきた道を折れ線グラフで書いていくという作業です。たとえば、生まれたときは、お父さん、お母さん、お兄ちゃん、家族みんなが自分を受け入れてくれて、最高に幸せだったので、100点。でも、幼稚園に行き出した頃から、父母がよくケンカするようになって、いつも怖い思いをしていたから0点。そして、さらに、小学校四年生のときに、クラスのみんなにいじめられるようになりマイナス20点。でも、中学になって大親友ができ、クラスのみんなとも仲よくなれて楽しい時間だったので、プラス40点……などなど、自分の人生を振り返って折れ線グラフを作っていくのです。私も、カウンセリングに来たクライアントにこれを作ってもらったことがあるのですが、みんな同じように、山あり谷ありのグラフができ上がります。でも今、過去のさまざまな出来事を眺めてみると、それを乗り越えて来た自分がいることに気づくことができます。そして、そのさまざまな出来事の一つひとつが、自分を成長させていることにも気づくはずです。つまり、すべての出来事が、自分の人生にとって大きなチャンスとなっているのです。

カウンセラーに必要な三つの基本的考え方、すなわち、①クライアントの話を客観的にとらえる、②クライアントの話を好意的にとらえる、③起こっている出来事をチャンスととらえることを、私は、常に意識しながらカウンセリングをしています。これをしっかりと意識していると、カウンセラー自身がぶれることがなくなります。

あなたに、カウンセラーとしてのしっかりとした軸ができたとき、どんなクライアントが来ようと、何の問題もなく対応できるようになるのです。

この三つの基本的な考え方を、ぜひしっかりと覚えてください。

カウンセリングの具体的な進め方

それでは、カウンセリングのファーストステージである「悩みの原因を見つけ出すカウンセリング」の具体例を見ていきたいと思います。

何度も書きますが、もう一度、カウンセリングの三つのポイントを思い出してください。
一、クライアントの話した言葉を深めていく
二、クライアントの気持ちはすべて受け入れる（承認）
三、常に現場検証を心がける
実は、この三つはすべてが関連しているのですが、最初に「クライアントの話した言葉を深めていく」とありますね。

これが、どういう意味なのかわかりますか？　実はこれが、三番目に書いている「現場検証」とつながっているのです。カウンセリングでは当然、クライアントが話す言葉一つひとつをしっかりと聞いていきます。その際、注意していただきたいのが、クライアントの話を簡単に理解

しないということです。「なるほど、なるほど。わかる、わかる」と簡単に理解するのではなく、「私にはわかりません」というスタンスで、クライアントの言葉を実際の現場（悩みを感じた場面）へとつなげていくのです。それができたとき、初めてクライアントの言うことが正確に理解できるようになるのです。

その現場がきちんと見えたとき、初めてクライアントの気持ちが明確に現われます。過去の出来事、その現場を忠実に再現することで、あのときの気持ちを再度、体験することになるのです。

そこで出てきた気持ちを、しっかりと受け止めていくこと。これが、このカウンセリングの三つのポイントの流れなのです。

しかし、そう言われても、ピンとこないでしょう。そこで、ここから実際にカウンセリング事例を用いながら、具体的に説明していきたいと思います。

事例　コミュニケーション能力・社会性に欠けている

あるクライアントから、こんな相談をいただきました。

私は、看護師として働いているのですが、自分に全然自信が持てません。実は、私、恥ずかしい話なのですが、コミュニケーション能力や社会性に欠けているんです。だから、人と接するときに、必要以上に緊張してしまって……。そして、そんな自分に疎外感を感じてしまうんです。

さあ、あなたが、こんな相談を受けたら、どうやってこの話を深め、現場を再現し、感情を引き出すでしょうか?

まず、クライアントが話す言葉一つひとつをしっかりと聞いていくわけですが、その際、簡単に理解してはいけません、と書きました。簡単に理解しないとは、事実がわからないままで、わかったように進めないということです。クライアントの言うことの一つひとつが事実であるかどうかを、確認していくのです。

この相談の最初の部分、「私は、看護師として働いているのですが」という部分は、客観的な事実をクライアントが話しているということがわかると思います。だからここは、そのまま素直に理解していきます。そして、その次の「自分に全然自信が持てません」という部分、これだけ聞けば、「自信が持てない」と言っていることは理解できます。でも、「なぜなのだろう?」そんな疑問が湧きませんか? つまり、カウンセラーとして、クライアントの話を完璧に理解できている状態ではないということです。

ということは、ここはもっと聞いていく必要があります。でも、通常の会話ですから、一つひとつの言葉を聞くたびに、質問していくわけにはいきません。だから私は、クライアントの話す言葉をしっかりとメモするようにしています。メモを取って、後でその部分を明確にしていくのです。

そして、その後の「実は私、恥ずかしい話なのですが、コミュニケーション能力や社会性に欠けているんです。だから、人と接するときに、必要以上に緊張してしまって……。そして、そんな自分に疎外感を感じてしまうんです」。ここも、一連の文章です。さあ、あなたの目の前にいるクライアントがこんな話をしたら、どうしますか?

まずは、クライアントの言っていることをしっかりと理解していきましょう。でも、しっかりと理解するのですが、この話の内容以上の想像は当然不要です。ここに書いている言葉だけで、わかる内容をカウンセラーとして理解するのです。

そのようなスタンスで、この話を分析していくと、まず、「恥ずかしい話なのですが」と断りを入れているので、この人は、これから話すことを恥ずかしいことだと思っているのがわかります。そして、それ以降の話をまとめてみると、このクライアントは、自分はコミュニケーション能力や社会性に欠けていると認識しているようです。だから人と接するときに必要以上に緊張すると思っているのです。

方程式にしてみると、コミュニケーション能力不足+社会性に欠ける=必要以上に緊張する、と表わすことができます。

さらに、だから自分は疎外感を感じてしまう、とそう思っている。

せっかくなので、これも方程式にしてみましょう。

（コミュニケーション能力不足＋社会性に欠ける）＝必要以上に緊張する＝疎外感＝自信がない

ん？　冷静に見てみると、よくわからないことを言っているということがわかると思います。いや、これはこのクライアントが悪いわけではありません。当然、わけのわからないことを言っているわけでもありません。この話をしているクライアントには、それがすべてつじつまの合う話であり、つじつまの合う事実がその裏に隠れているのです。

だから、現場検証をしっかりと行なうことで、そこに、いったいどんな現実が隠れているのか？　どんな現実が、このクライアントにこんな発言をさせることになっているのか？　それを明確にしていくのです。

いかがでしょうか？　私が現場検証と言っていることが、どういうことなのか、少しはおわかりいただけたでしょうか？　でも、まだよくわからない。何か難しそう……そう思う方も多いと思います。でも実際は、そんなに難しい話ではありません。

なぜなら、現場検証にはパターンがあるのです。それさえ理解できれば、誰でも簡単にカウンセリングの現場検証ができてしまうのです。では、引き続き事例を参考に、現場検証の具体的な進め方を見ていきましょう。

現場検証はなぜ必要なのか

現場検証にはパターンがあると述べました。

現場検証という言葉にあまりなじみがないかもしれませんが、私が言う現場検証とは、悩みを感じた瞬間をもう一度再現するということです。たとえば、さきほどの例は、「コミュニケーション能力や社会性に欠けている」と悩んでいるクライアントでしたから、それを感じた瞬間が必ずあるはずです。そして、「人と接するときに必要以上に緊張してしまう」とも言っていました。これにも、それを感じた瞬間があるはずです。そして、「疎外感を感じる」と話していました。さらに、「自分に自信がない」とも。

ほんの少しの会話の中で、このクライアントは、四つの悩んだ瞬間を持っているのです。だから、この四つを再現する必要があります。

では、なぜ、その瞬間を再現する必要があるのか？　そう疑問を抱いた人がいらっしゃると思います。実は、この「疑問を持つ」という感覚が、カウンセリングではとても大切になってきます。読んだ瞬間、あるいは、他人から聞いた瞬間、それをすべて受け入れるのではなく、「なぜ？」と疑問を持つのです。これができるようになると、カウンセリングで、クライアントの話をより深めることができるようになるのです。

ちょっと話がずれましたが、現場検証に戻りましょう。

では、なぜ現場検証をする必要があるのか？　その現場を忠実に再現することで、あのときの気持ちを再度、体験することになると述べました。この感情を再体験するということが、ひとつの重要なポイントなのですが、実は、もうひとつ大切な要素が、この現場検証には含まれています。

悩みを感じた瞬間をもう一度再現してみると、そこには必ず何か出来事があるはずです。「悩み」を辞書で引いてみると、「精神的に苦痛・負担を感ずること。そう感じさせるもの」と出てきます。つまり、そこには必ず、苦痛や負担を感じるものがあるのです。

たとえば、さきほどの事例でコミュニケーション能力が欠けているとありましたが、そう感じて悩んでいるクライアントは、それを感じた瞬間があるはずです。どんなときにそれを感じたのか？　そこをじっくりと聞いていくのです。

そうすると、職場で同僚の中に入っていけない自分が出てくるかもしれません。あるいは、ご主人に自分の思いを伝えたいのに伝えられない自分が出てくるかもしれません。

そうやって、具体的な状況を突き詰めていくと、もっと悩みの原因が細かく見えてくるのです。

実際、「コミュニケーション能力が欠けている」と言われても、よくわからないのです。なぜなら、私自身、このクライアントと対面して、その話す意味がわからないなどと一度も思わなかったのです。つまり、私とはきちんとコミュニケーションが取れています。しかし本人は、それが、欠けていると話しているのです。

ということは、私自身が思う、コミュニケーション能力が欠けている人と、クライアントが思うコミュニケーション能力が欠けていることに、大きな差があるということなのです。当然、クライアントの思いをすべて理解することはできませんが、まずはこうして、クライアントの思いをどんどん引き出していきます。

そうすることで、クライアントの悩みが少しずつ見えてくるようになるのです。そして、もうひとつ、カウンセラー自身がクライアントをよく理解していないのと同様、クライアント自身も自分の行動や言動、思考に気づいていないことが多いのです。

なぜなら、私たちはほとんど無意識（潜在意識）で行動しているからです。これは、前にも書きました。だから、自分自身の過去の行動をしっかりと見つめ直すことで、自分自身でも気づいていなかった、さまざまなものが見えてくるようになるのです。

つまり、自分自身を見つめ直すために行なうのが現場検証なのです。それができたとき、初めて、なぜ自分が悩んでいるのかが見えてくるのです。

では、ここでもう少し、具体的に事例を使って、現場検証の仕方を説明していきます。

ここまで聞いて、「やっぱり現場検証って難しそうだな」と感じた方もいらっしゃるかもしれませんが、実は現場検証にはパターンがあるのです。同じ質問を繰り返していくだけで、その現場を再現できるようになります。では、どんな質問でクライアントの悩みの現場を再現していくのか、それを見ていきましょう。

現場検証のための質問1「最近、いつそれを感じましたか?」

まずは、現場検証なので、事実を確認していきます。では、さきほどの事例でもう一度見てみましょう。

「コミュニケーション能力や社会性に欠けているんです。だから、人と接するときに、必要以上に緊張してしまって……。そして、そんな自分に疎外感を感じてしまうんです」

「そうなんですね。最近、いつそれを感じましたか?」

このような感じです。まずは、クライアントが話したことをきちんと受け入れて、そして、その後に、最近いつ? と質問するのです。そうすると、必ずクライアントは、いつそんな出来事が起こったのか、具体的な事例を考え始めます。

「実は私、3カ月前に転職しまして、今の職場に来たのですが、そこでは、私と同じ仕事を担当している人が、私以外にあと2人いるのですが、その2人の輪の中に入っていけないんです」

クライアントはそう答えました。さあ、あなたならこの後どうしますか?

まさか、「そうなんですね」とクライアントの言うことを理解したりしないですよね?

さきほど、クライアントの言うことをそう簡単にわかってはいけませんと述べました。「なるほどなるほど、そうなんですね」ではダメなのです。なぜ、ダメなのか？　それは、このクライアントの回答では、ひとつも現場検証ができていないからです。

「実は、私、3カ月前……」と、具体的な事例を話しているように感じるかもしれませんが、よく見てください。このクライアントの発言は、「いつ・どこで・何が起こった」という具体的な話にはなっていません。だから、そんなときはもう一度聞いていきます。

「3カ月前に転職されて、まだ新しい会社に入ったばかりなのですね。そして、その職場の人たちの輪の中に入れないと感じておられる。では、最近、いつ輪の中に入れないと感じましたか？　具体的に教えていただいてよろしいでしょうか」

こうやって、しっかりと事例が出るまで、聞いていきます。すると、その後「実は、先週の金曜日……」と具体的な出来事を話してくれるようになるのです。これが、現場検証のスタートなのです。

現場検証は総論でなく各論で

現場検証のための質問1は「最近、いつそれを感じましたか？」でした。現場検証ですから、具体的にそれを感じた瞬間を確認していきます。でも、これをやっていくとわかるのですが、人は何か出来事が起きて、その事実で悩んでいると思っていますが、意外と事実ではなく、空想で悩んでいることが多いのです。

たとえば、あるクライアントは、自分の上司がいつも自分に文句を言ってくる、と話します。「顔を合わすたびに怒られる。もうあの人が大嫌いなんです……」「そうなんですね。いつも怒られるのですね。じゃあ、最近いつ怒られましたか？」と質問1をクライアントに投げかけます。すると、「具体的にですか……えっと、そうそう、昨日……」と、ある出来事を話します。

それに対して、「では、他には？」と聞いていくと「他にですか……」と、またクライアントは考えます。でも、これを続けると、必ずと言っていいほど、次の具体例は出てきません。そんなとき、多くの人が、「えーーっと、えーっとですね〜。いや、とにかくいろいろ言われるんです」と、総論に持っていこうとするのです。

「総論賛成、各論反対」という言葉があります。ある案などについて、趣旨には賛成するが、個々の具体的事柄には異議を唱えること。これを総論賛成、各論反対というのですが、たとえば、母親が娘に、家計が苦しくて、もっと節約しないといけないと言ったとします。すると、それに対して娘は、そうだねと節約には賛成する。じゃあ、あなたのお小遣いも少し減らすからと言うと、それはダメ。総論である「節約」には賛成するが、各論である「お小遣いを減らすこと」には反対する。

これと同じように、多くの人は、出来事を大きくとらえて抽象化して悩んでいるのです。

だから、カウンセリングでは、総論で話すのではなく、常に各論で話をしていく。これが現場検証なのです。

しかし、この現場検証を実現するためには、「最近、いつそれを感じましたか？」という質問だけでは、うまくいかないときもあるのです。ということで、現場検証するために必要な質問その2を、また事例を使いながら見ていきましょう。

事例　仕事を辞めたい

最近ずっと、仕事を辞めたいと思っているんです。早くこの仕事を終わらせたい。いつも焦っていて、時間と心に余裕がまったくない状態なんです。

さあ、こんな相談を受けました。あなたならどうしますか？

当然、これも現場検証をしていくわけですが、質問1の、「最近、いつそれを感じましたか？」ではちょっと持っていきにくいと思いませんか？　だって、「最近ずっと、仕事を辞めたいと思っている」のです。ということは、当然今も思っているということです。そんな状況で、最近いつ？　と聞いても、明確な答えは出てきそうにありません。

こうして、具体的に感じた瞬間がイメージできないときは、それこそ、まだ総論でしか話をしていないという証拠です。だから、この話をもっと深く聞く必要があるのです。

現場検証のための質問2「それって、どういうことですか?」

具体的に感じた瞬間がわからないとき、私はこの質問、「それって、どういうことですか?」をよく使います。この事例の場合で言うと、「時間と心に余裕がまったくない状態なんです」とクライアントが話した後、まずは、クライアントの話をしっかりと受け入れます。

「お仕事を辞めたいと思われているのですね。そして、時間と心に余裕がまったくないと感じておられる。でも、早くこの仕事を終わらせたいと言われましたが、それって、どういうことですか?」

このように、クライアントの話で内容が理解できるところは、まず受け入れ、そういう状態なのですねと、それを承認します。そして、よくわからないところに焦点を当てて、「それって、どういうことですか?」と具体的に聞いていくのです。

クライアントに質問するときは、なるべく、オープンクエッションを使っていきます。オープンクエッションとは、相手に自由に考えてもらい、自由に答えてもらう質問のことです。オープンクエッションの逆をクローズドクエッションと言いますが、これは、YES、NOで答えられる質問の仕方です。

たとえば、「あなたは、ハンバーグが好きですか?」というように、限定された質問です。すべてをオープンクエッションというわけにはいきませんが、なるべく、クライアントの話す時間を長くするようにするのです。すると、そこにクライアントの抱える悩みの原因が見えてくるのです。

ということで、ここでは、「それって、どういうことですか？」と質問をしていきます。

「それって、どういうことですか？」

「実は私、ブライダル関係のお仕事をしていまして、結婚式の相談を受けているのですが、結婚式って、いろんな業者さんやうちの他の部署と連携していかないと仕事が進まないんです。だから私は、お客さんの希望を叶えるために、常に、他の人と関わりながら、仕事をしていて……。でも、他の人にいろいろと仕事を依頼していくと、気持ちよく対応してくれる人もいるのですが、「そんなのできないだろう！」と怒り出す人もいて……。お客さんと業者の間に入って、板挟みになって苦しくて……。でも、期限が決まっているので、何とかそれをクリアしないといけないと、いつも焦っていて、だから、いつも早くこの仕事を終わらせたい。そう思っているんです」

これは、実際にあったカウンセリングのやり取りの一部なのですが、このように、オープンクエッションをクライアントに投げかけるだけで、クライアントはどんどん自分の言いたいことが話せるようになるのです。

こうなれば、あとはカウンセリングの基本である、「まずは沈黙し、相づちを打ちながら、必要であれば、相手の話を繰り返し、そして、まとめていく」を繰り返せばいいのです。そして、またよくわからないことが出てきたとき、「それって、どういうことですか？」と、とにかく、具体的に具体的にとクライアントの話を深めていくのです。

でも、ここで、ただクライアントの話すままに聞いていくのでは、終わりが見えません。だから、カウンセラーは常に、カウンセリングの目的を忘れてはいけないのです。

このファーストステージのカウンセリングの目的は、「クライアントの悩みの原因を見つけていく」でした。だから、常にカウンセラーはそこに目を向けていく必要があるのです。

では、こうしてクライアントの話を聞きながら、その原因を見つけるためにはどうすればいいのか？

実は、この原因を見つけるための、ひとつの質問があります。この質問をすることで、クライアントの話の核心に持っていくことができるのです。

悩みの原因はどこにあるのか？

カウンセリングのファーストステージの目的。それは、「クライアントの悩みの原因を見つけること」でした。そのために、現場検証を行なっていくのですが、この悩みの原因は、どこにあると思いますか？　実は、悩みの原因は「ひとつ前」にあるのです。

「ひとつ前」と言われても意味がわからないと思いますので、実際にあったカウンセリングの事例で見てみましょう。

そのクライアントのご相談は、「職場の人間関係がうまくいかない」という内容でした。ということで、私は、職場の人間関係がうまくいっていない場面を再現していきます。すると、いろいろなことが見えてきました。

「先輩ではあるんですが、歳は同じなんです。でも、ものすごく上から目線でいろいろ言ってくるんです」というクライアントのAさん。

「どんなことを言われるのですか?」と、私が具体的に、指摘される内容を聞いていくと、どうやらAさんは仕事でいろいろ失敗しているようでした。

それに対して、先輩から「ちゃんとマニュアルを読んだ?」「店長に聞いた?」「こんなの常識でしょう」と言われる。

ある日のお昼休み、食堂に行くと、「あの人、こういうことするよね」と、また別の同僚が自分の文句を言っているところを目撃してしまいます。その瞬間、Aさんの頭の中では、「この人も、こんな人なんだ……」

Aさんはこれまで、仕事を何度も変えてきました。なぜなら、行くところ行くところ、変な人ばかり。もう意味がわからなくて……自分の周りはみんな敵だ。いつの間にか、そう思うようになっているのです。

でも、何とか人間関係を改善したいと思い、職場でみんなに気に入ってもらえるように必死に頑張ります。でも、結果は同じ。いつも怒られて、いつも馬鹿にされて……。

彼女は、どうしたら人間関係がうまくいくんだろう？　一所懸命にその答えを探しました。

そして、悩んで悩んで出した答えは、「何か言われても、動じない自分になる」というものでした。文句を言われたとしても、気にしないように必死で頑張るAさん。いちいちイライラしていたのでは、これまでと同じ。だから、もう周りには期待しない。

自分は自分、自分を信じて前を向いて生きていこう。きっといつか、私をわかってくれる人が出てくるはずだ……。でも、そうやって頑張っても、周りは全然変わらない。逆に、Aさんが気にしないようにとふるまうことで、よけいに相手の気に障り、さらに、Aさんバッシングは強まるばかり……。

すると、どんどんAさんの中で、周りを批判する気持ちが大きくなっていきます。気持ちを抑えようとすればするほど、批判する気持ちは大きくなるのです。

「何で、あんなイヤミったらしい言い方をするんだろう」「あんなバカにするような言い方しないでもいいのに……」

これはひとつの例ですが、こんな話はよくありそうではありませんか？　でも、これを読んでいてあなたはどう思いますか？　私は、カウンセリングをしていて、ちょっとピントがずれている気がしました。

Aさんは、人間関係がうまくいっていない現状を見て、それを何とかしようと考え、必死で頑張っていました。でも、それが全然うまくいかない。なぜ、そうなるのか？　答えは簡単です。彼女は、出た結果に対して対処しようと頑張っていたのです。

これを読んでいるあなたならわかると思いますが、彼女は、自分が失敗していることを棚に上げています。そして、人から文句を言われたり、怒られたりする。その部分にばかり意識が向いています。つまり、この相手に批判されているということは「結果」なのです。

彼女自身が、仕事でいっぱい失敗をしている。その結果、彼女は周りの人から、文句を言われるようになったのです。でもAさんは、自分が失敗しているという事実を棚に上げて、それを批判する人を変えようと頑張っているのです。でも、やはりそれではうまくいきません。

こんな人が本当にいるの？　と思われるかもしれませんが、実は、Aさんと同じように、結果にフォーカスを当てて、悩んでいる人はすごく多いのです。

最初に書いたように、悩みの原因は本当に、「ひとつ前」にあるのです。要は、すべて自分の起こした行動の結果として、いろいろなことが起こっているのです。だから、カウンセリングでは、そのひとつ前をしっかり現場検証することで、自分をどう変えればいいのか？　その答えを見つけていくのです。

このAさんとのカウンセリングは、この後、なぜ、仕事で自分はミスを犯してしまうのかということに着目して進めていきました。すると、そこには、一所懸命仕事を頑張っているAさんがいたのです。でも、Aさんの中に、常に焦る気持ちがありました。

「早く終わらせなきゃ」。彼女は、何をするときも、早く早くと、何だか焦っているのです。だから、仕事でもマニュアルを読んでさえいればわかるようなことなのに、マニュアルなんて読んでいる暇はないと。上司に確認すればいいことも、そんなことやっている間に、次の仕事をこなさないと……大切なことをなおざりにして、とにかく、早く早くと焦るAさん。

「どうして、そんなに焦っているのですか?」と私が尋ねると、「だって……」と言って黙るAさん。どうやら、自分でもわからない様子。

そこで、私はこう聞いてみました。「Aさん、いつも焦っているようですが、幼い頃から、その焦りの感覚はありましたか?」と。するとAさんは、「そうですね。幼い頃から、ずっと焦ってきたように思います」と言われました。

そこで、もうひとつAさんに質問をしてみました。「もし、その焦る気持ちが湧いてこなければ、あなたの人生は変わると思いますか?」と。

するとAさんは、「絶対に変わると思います。だって、これまで私は何をやるときも、いつも焦っていたんです。本当に小さい頃から、早く早くと思っていました。でも、自分がこんなに焦っているなんて……。もし、本当にこの感覚を手放すことができれば、すごく楽になるような気がします。絶対に違う人生になるな……」と言われたのです。

さきほど、現場検証のための質問2の最後に、「悩みの原因を見つけるための質問がある」と書きました。実は、この「もし、その△△な気持ちが湧いてこなければ、あなたの人生は変わると思いますか？」という質問が、悩みの原因を見つけるための質問です。

この質問に対して、YESの答えが出るということは、そこを変えれば、今抱えている悩みが解決するということなのです。

では、この質問について、もう少しくわしく見ていきましょう。

カウンセリングを成功させる三つの質問

悩みの原因を見つけるための質問、「もし、その△△な気持ちが湧いてこなければ、あなたの人生は変わると思いますか？」。もちろん、この質問をするまでに、その原因となる感情や自分の行動・思考パターンを見つけることが必要ですが、初心者のカウンセリングがうまくいかない原因のほとんどは、この本当の悩みの原因に気づくことができないままカウンセリングを進めているということにあります。

私は、カウンセリングを二つのステージに分けて考えていますが、多くのカウンセラーがこのファーストステージ（悩みの原因を見つけること）をないがしろにしています。

さきほどの事例で言うと、もともとクライアントは、「人間関係がうまくいかないのです」と相談を持ち込みました。でも、その話を深めていくことで、幼い頃から、早く早くと焦る気持ちが湧き上がってくる自分に気づくことができました。つまり、彼女の悩みである人間関係を改善するためには、彼女自身を襲う「焦る気持ち」を抑えて、仕事のミスをなくしていくことが必要です。

　だから、私がカウンセリングを行なうのであれば、セカンドステージでは、「なぜ、焦ってしまうのか?」というテーマでカウンセリングを行なっていくことになるのです。そこまでテーマを絞ることで、クライアント自身も自分の改善すべき箇所を認識できるのです。

　クライアントの悩みを解決するためには、クライアント自身が自分で自分を変える勇気を持つことが必要です。でも、自分のどこを変えればいいのかがわからないままでは、勇気を持つこともできないし、当然ですが、悩みを解決することもできません。だから、まずは、悩みの原因を見つけ出すこのファーストステージが必要なのです。

　いかがでしょうか?　ここで紹介した三つの質問。ひとつは「最近、いつそれを感じましたか?」。そして、「それってどういうことですか?」。すごく単純な質問ですが、この質問を使いながら、悩みの瞬間を再現していくのです。

　それを、しっかりと再現することができると、その悩みを感じる直前に自分が行なっている行動・言動・思考パターンを、そこに見つけることができるのです。そして最後に、「もし、その△△な気持ちが湧いてこなければ、あなたの人生は変わると思いますか?」という質問を行なうことで、クライアントにそれを手放すことができた自分をイメージさせ、自分の悩みは自分が作っていて、だからこそ、自分で解決できるのだと認識させられるようになるのです。

6章

ＰＦＣ分析シートで自分を知る

脳の仕組みを理解する

カウンセリングのファーストステージで、悩みの原因を見つけ出し、その原因をセカンドステージで書き換える。これが私のカウンセリングです。これまで、そんな説明をしてきました。でも、記憶を書き換えると聞いて、あなたはどんなイメージを持ちますか？

記憶を書き換えるなんて、本当にできるのだろうか？　そう思われる方も多いと思います。たとえば、過去にタイムスリップして過去を変えることができれば、そんなことも可能でしょうが……。いったい、どうやったら過去が変わるのでしょうか？

実は、このことをご理解いただくためには、私たち人間の心の仕組みを理解する必要があるのです。そこで、カウンセリングのセカンドステージに入る前に、まずは心の仕組みをご理解いただこうと思います。

では、心ってどこにあると思いますか？　体中をいろいろ調べてみても、心という臓器は見つかりません。でも、私たち人間には心があります。

「心」をウィキペディアで調べてみると、心は非常に多義的・抽象的な概念であり文脈に応じて多様な意味を持つ言葉であり、人間（や生き物）の精神的な作用や、それらのもとになるものなどを指し、感情、意志、知識、思いやり、情などを含みつつ指している、と書いてあります。うーん、よくわかりませんね（笑）。

でも、この心がどこにあるのかという疑問は、何と5000年以上前から議論されてきたそうです。心は心臓にある、肝臓にある、脊髄にある、などいろいろな説があったそうですが、近年では心は脳にあると考える方が多いようです。ということで、心を理解するために、まずは、脳の構造や機能について見ていきたいと思います。

脳の構造

私たち人間の脳は、大きく三つに分かれていると言われています。

ひとつは小脳。人間の運動機能を司る脳です。幼い頃、自転車の練習をしたのを覚えていますか？ 補助輪をつけていた自転車の補助を外して一所懸命練習をしたあの日。きっと、何度も何度も失敗をして転んだのではありませんか？ でも、何度もチャレンジしていくうちに、スムーズに走る感覚がわかる瞬間がありました。「あっ、乗れた！」。実はこのとき、働いているのが、この小脳です。身体の平衡感覚に関する情報を集めて、筋肉のバランスを保ちながら動きや姿勢をコントロールしていく。この小脳があるから、私たちは自転車に乗ることができるようになるし、揺れる電車の中で立ったり、平均台を歩いたりできるのです。

次にもうひとつ、脳の中には脳幹と呼ばれる部分があります。

脳幹とは、命を司る脳。人間の呼吸や心臓を動かしているのがこの脳幹です。脳幹が働くことで、私たちは意識することなく、眠っているときでさえ、心臓の働きを維持したり、体温を調節したりできるのです。

昔、『必殺仕事人』というテレビドラマがありました。飾り職人の秀（三田村邦彦）が、ジャカジャーン♪という音楽とともに現われ、かんざしで悪人の首の後ろを一刺し。一瞬で悪人の命を奪います。このとき刺していたのが、脳幹の一部である延髄という場所です。まあ、これはテレビの中のお話ですが、実際に、この脳幹という部分が壊れると私たちは生きていくことができないのです。

そして、最後にもうひとつ。私たちの脳の中には大脳と呼ばれる部分があります。この大脳は、大脳新皮質と呼ばれる部分と、大脳辺縁系と呼ばれる部分の二つから成り立っています。大脳辺縁系とは、人間の進化の歴史の中で、古くからある脳であり、両生類や爬虫類、魚類も持っている脳です。感情や記憶、本能、意欲、自律神経の調節を行なう部分です。

この大脳辺縁系の中に、アーモンドのような形をした「扁桃体」と呼ばれるものがあります。私たち人間にはさまざまな感情があります。この喜怒哀楽の感情を決定しているのが、この扁桃体と呼ばれる部分です。

そして、この扁桃体にぴったりとくっついてあるのが「海馬」と呼ばれる部分です。

海の馬と書いて、「かいば」。実は、海の生物タツノオトシゴの別名を海馬というのですが、このタツノオトシゴの形にそっくりなので、こう呼ばれるようになったのです。

この海馬は記憶を取り出したり、短期記憶を長期記憶へと変換して保存する場所です。私たち人間は、何かを見たり聞いたり体験したりしますが、それが、この海馬の中に記憶として残ります。でも、いったんこの海馬の中に入ったとしても、思い出すことがなければ、それは消えていきます。しかし、この海馬に入ったものをアウトプットすると、海馬はそれを大切なものなのだと判断して、長期記憶へと変換していくのです。長期記憶は、場所で言うと、ちょうど耳のうしろあたりに保存されています。

扁桃体と海馬。この二つはぴったりと寄り添ったように存在しますが、だからなのか、感情を伴う記憶は入りやすいと言われています。これを読んでいるあなたも、過去の出来事を思い出すとき、きっと出てくる記憶は感情を伴っているものが多いのではないでしょうか？ 場所的にぴったりとくっついているように、感情と記憶は密接につながっているのです。

そしてもうひとつ、大脳辺縁系の周りを取り囲むように存在する大脳新皮質。この部分は、私たち霊長類だけが保持していて、そして、人間だけがとくに大きく発達しています。

大脳新皮質は、思考、分析、言語、計算、感情をコントロールすることができる場所であり、そして、視覚や聴覚、においい以外の感覚情報を受け取ることができる部分です。この大脳新皮質で感じた情報を大脳辺縁系に送り、大脳辺縁系でその情報を受け取り、出てきた記憶や感情を大脳新皮質へ送る。こうして私たちは、日々感情とともに生きることができているのです。

今、情報を送ると述べましたが、私たちの脳は、どうやって情報をやり取りしているのでしょ

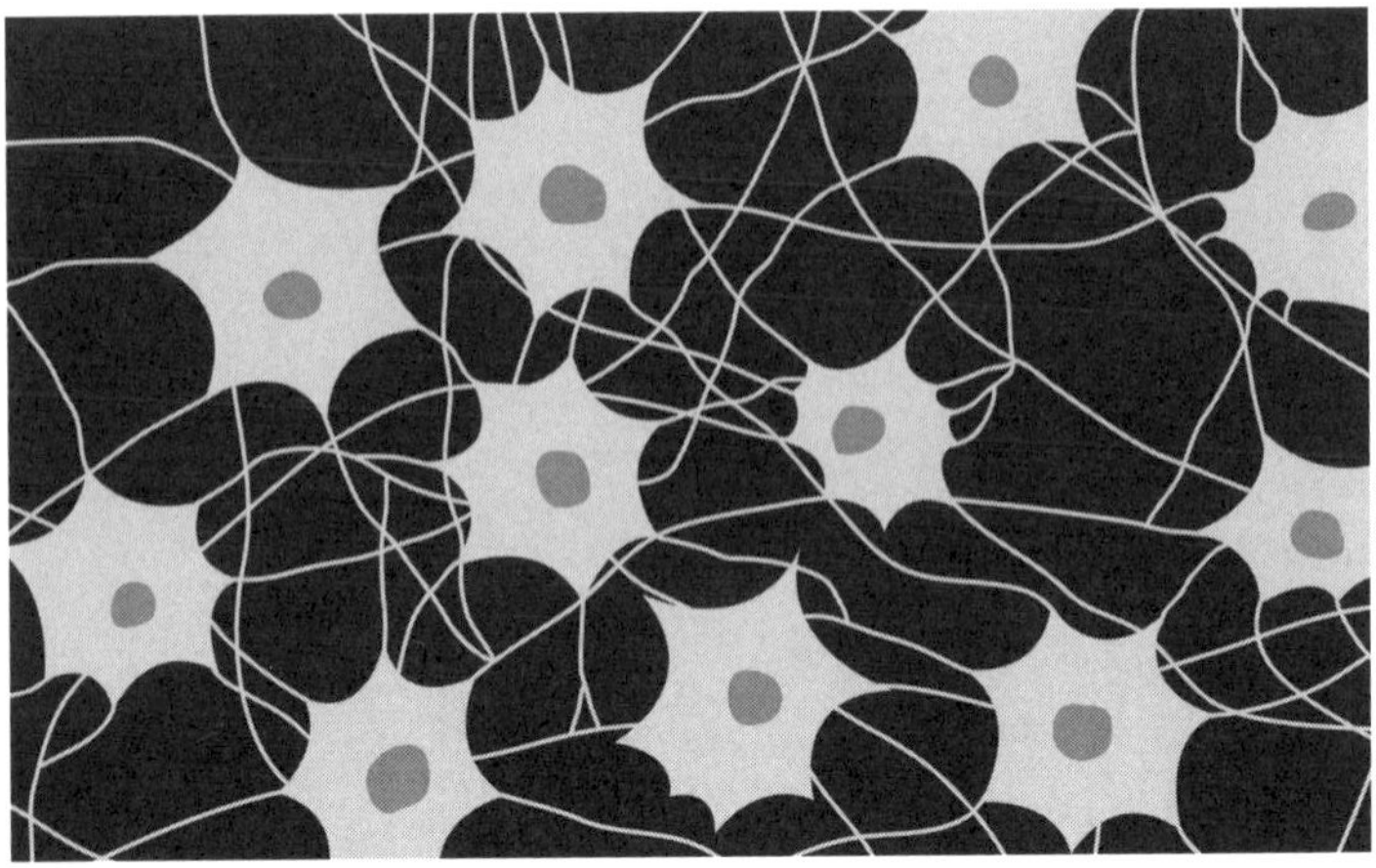
ニューロン回路の巨大ネットワーク

うか？　実はここに欠かせない存在があるのですが、それは、先端にたくさんの触手が伸びているニューロンと呼ばれるもので、脳の中にだいたい一千億個ぐらいあると言われています。
このニューロンは、刺激があるとこの先端にある触手が伸びて、他のニューロンとつながっていきます。そして、ニューロン同士の巨大ネットワークを作り、そこで電気信号を使ってやり取りすることで、思考、運動、感情、記憶、学習といった高度な情報処理を行なっているのです。
たとえば、幼い頃、お母さんに怒られた。そんな記憶があったとします。でも、その記憶はどうやって構成されているのでしょうか？
怒られているそのとき、そこには怒ったお母さんの表情があったかもしれません。正座をさせられて足が痛いという体の感覚があったのかもしれません。他にも、怖いとか、あるいは、そのときの周りの状況だとか……そこには、無数の情報があるはずです。その情報一つひとつをニューロン同士の巨大ネットワークでやり取りすることで、全体でひとつの記憶ができ上がるのです。

いかがでしょうか？　私たちの心を理解するために、まずは、脳のお話をさせていただきました。実は、このそれぞれの働きが、私たちの心の働きとなっていくのです。

心の仕組みを理解する

脳は、大きく三つに分けられ、それぞれに機能があり、それが組み合わさって私たち人間としての活動ができているということは、ご理解いただけたかと思います。では、ここからこの脳の仕組みと、心の仕組みがどう関わっていくのか、それを見ていきたいと思います。

私たち人間は、一人ひとりが、いろいろな状況やいろいろな人たちとの関わり合いの中で生きています。社会という環境の中で、さまざまな経験（見たり、聞いたり、感じたり）を積んでいっているのです。そして、その環境一つひとつ、自分の外側にあるものを自分の中に取り込んでいきます。さきほどお話しした大脳新皮質の中に取り込んでいくのです。そして、大脳新皮質で取り込んだものは、大脳辺縁系に送られるのでしたね。

「こんなことがあったよ」と、外側の出来事の情報を大脳辺縁系に送ることで、大脳辺縁系の中にある記憶とその出来事が結びつき、そこに「感情」が生まれるのです。過去のさまざまな記憶というフィルターを通して、その出来事を見ていくことで、感情が起こってくるわけです。

そして、その感情が、私たちの体にいろいろな反応を起こしたり（ドキドキしたり、汗をかいたり、ホルモンを分泌したり）、行動（泣いたり、叫んだり、笑ったり）することへとつながっているのです。

こうして起こった感情や体の反応、行動も、再び大脳新皮質に戻されていきます。そしてまた、この体験が記憶のフィルターに追加されて、これから起こる出来事にも影響を及ぼしていくのです。

このように、自分の外にある環境と自分の体の中の内部情報とを統合し、分析していく中で、私たちには「思考」が生まれます。私たちはいつも、何気なくいろいろなことを考えていますが、実は、私たちの脳の中では、こんなサイクルが一瞬で行なわれ、そこに思考というものが自動的に誕生しているのです。そして、また、この思考は感情に影響を与え、グルグルグルと回っていくのです。

ちょっとわかりにくいと思いますので、事例を使って説明してみたいと思います。

Aさんには、最近あるセミナーで知り合った友人Bさんがいました。同じセミナーで同席し、たまたまペアを組むことになって意気投合。その後、何度もメールのやり取りをしていました。

そんなある日、Aさんは、ある映画を観たくなりました。そして、Bさんにメールをします。「この映画、面白そうだと思わない？　今度の日曜日一緒に行かない？」と、何気なくメールを送りました。ところが、Bさんからの返事がない。そんな状況があったとします。

この状況（メールの返信がない）は、まずAさんの大脳新皮質の中に取り込まれます。そして、この情報を大脳辺縁系へと送ります。送った情報は、記憶と照らし合わせていくと言いました。では、Aさんの大脳辺縁系の中にはどんな記憶があるのでしょうか？

Aさんの記憶を探っていくと、Aさんには、小学五年生のとき、友達に無視されたという記憶がありました。そして、Aさんは、この映画に誘っても返事がもらえないという出来事を、この過去の記憶のフィルターを通して見てしまったのです。すると、あの幼い頃に感じた悲しみという感情が湧いてきます。そして、その悲しみという感情や記憶は、身体感覚や行動としても現われてきます。頭痛がしたり、胸が苦しくなったり、そして、泣いたり、引きこもるという行動へとつながっていくのです。

そして、この悲しみの感情や身体感覚、行動は、また大脳新皮質へと戻されていきます。そして、この情報とメールの返信がないという出来事を合わせ、分析し、「私は嫌われた」という思考が生まれてきます。

そしてまた、「私は嫌われた」と思うと、またさらに悲しみが大きくなり、体にも行動にも悪影響が及んで、グルグルグルグル悪循環の中に陥ってしまう、ということになるのです。

この仕組みに気づくと、わかることがあります。そうなのです。やっぱり、過去の記憶のフィルターで見るということが邪魔なのです。そこで、この過去の記憶を書き換えていく必要があるのです。

では、どうすれば、この過去の記憶を書き換えることができるのか？

そこで、もう一度、脳の働きの話を思い出していただきたいのですが、私たちの脳の中にある大脳新皮質。ここでは、感情をコントロールすることができるとお話ししました。過去の出来事と照らし合わせ出てきた感情。この感情を感じることで、いろいろな思考が湧き上がります。でも、今度は、この思考をコントロールしていくことで、私たちは感情にも変化を与えることができるのです。過去の出来事を違う視点から眺めて分析していく。するとそこに、自分の記憶の中にある、過去の出来事の意味づけに変化が表われてくるのです。

通して見るフィルターに変化があれば、当然、見えてくる現実が変わって見えてきます。感情や身体感覚、行動に変化が起きて、湧き上がる思考も変わってくるのです。ということで、少し前置きが長くなってしまいましたが、これから、カウンセリングのセカンドステージ、書き換えの具体的なやり方をお話ししたいと思います。

書き換え法（状況確認と感情分析）

それでは、具体的にカウンセリングで書き換えを行なう方法をお話ししていきましょう。

ひょっとすると、これを読まれているあなたは、これまでにもいろいろな心理療法について学んでこられたかもしれません。実は、このいろいろある心理療法の一つひとつが、書き換えの方法なのです。だから、カウンセリングのファーストステージで、クライアントの悩みさえきちんと引き出すことができれば、どの心理療法を使ってもいいのですが、でも、やはりこの心理療法をしっかりと使えるようになるには、経験が必要になります。私はヒプノセラピー（催眠療法）を専門に活動していますが、やはり、これをきちんと使えるようになるにはある程度の経験が必要でした。

ということで、本書では、ＰＦＣ分析シートというツールを使って、なるべく簡単に初心者でもできる書き換え方法についてお話をしていきたいと思います。

今回ご紹介するＰＦＣ分析シートとは、私と私に脳科学についていろいろ教えてくれた、福岡在住の心理カウンセラー祝原正人さんの二人で立ち上げた日本こころカウンセリング協会というところで、自己カウンセリングを行なう際に使用するシートですが、これを使うことで、自分一人ででも自分を見つめ直すことができるという内容になっており、カウンセラーがカウンセリングを行なう際にも、非常に有効なツールとなっています。

このＰＦＣ分析シートでは、いくつかの固定した質問に回答していくことで、自分自身を見つめ直すことができるようになります。では早速、その内容について、見ていきたいと思います。

PFC分析シート

年　月　日(　)　名前

状況を書き出しましょう(いつ？ どこで？ 誰と？ どんな出来事が？)

自分の中で起こっている反応を書き出しましょう

感情 ※強さを%で表示 悲しみ（　%） 恐　れ（　%） 怒　り（　%）	身体反応	行動

A. 思考(どんなことを考えていましたか？ ※感情に強く影響しているものに○をつける)

B. 反対思考（Aで選んだ考えと反対の考え方）

Aで選んだ考えと、Bの考えについて検討(ブレインストーミング)していきます

①Aの考えを持つことのメリットは？	②Aの考えを持つことのデメリットは？
③Aのように思う理由(事実のみ)は？	④Bのように思う理由(事実のみ)は？
⑤○○だったら、どのように対処するだろうか？(友人、尊敬する人、神様だったら……など)	⑥友人から相談されたら、何とアドバイスしますか？
⑦③と④を「しかし」で繋ぎ、新しい考えを作ってみる	⑧左記のように考えたときの感情の強さの変化（%） (新しい感情があれば、それも書き出す) 悲しみ（　%）→（　%） 恐　れ（　%）→（　%） 怒　り（　%）→（　%）

①状況を書き出していく

まず、このシートの最初には、「状況を書き出しましょう（いつ？　どこで？　誰と？　どんな出来事が？）」と書かれています。ここは、自分で自分をカウンセリングする自己カウンセリングの際には、きちんと自分で書いていくのですが、カウンセラーとしてクライアントのカウンセリングを行なう際には、ここが、これまで話してきたカウンセリングのファーストステージに当たるのです。ですから、しっかりとクライアントの声を聞き、現場検証を行なっていきます。そして、明らかになった状況をここに書き出してもらうのです。

それでは、前に挙げた事例（職場の人間関係がうまくいかない）を例に、このPFC分析シートの最初の状況を書き出してみたいと思います。

この事例、もともとは、職場の人間関係がうまくいかないというご相談でした。でも、よく聞いていくと、職場の人間関係がうまくいく・いかないの前に、このクライアント（以後、Aさん）は、仕事でミスを繰り返しているということがわかりました。なぜ、そうも失敗してしまうのか？　そこを探っていくと、常に焦っている自分がいるということがわかりました。

そして、その焦る気持ちさえ湧いてこなければ、自分自身が変わることができ、失敗をすることも減って、結果的に職場の人間関係で悩むことも少なくなるのではないか、と考えたのでした。ここまでが、ファーストステージの話です。では、これをセカンドステージで書き換えていくためには、どうすればいいのでしょうか？
　まずは、状況を書き出していくのですが、このクライアントのどこを書き換えればいいのか？　それは、もうファーストステージのカウンセリングで明確になっています。
「焦る気持ちが湧いてこなくなればいい」です。だから、それを感じた瞬間の状況をきちんと書いてみるのです。

状況
　1週間前、荷物を出荷する際に、伝票の出荷先欄の確認を怠り、商品を誤発送。到着した商品が違うとお客様よりクレームがあり、誤って発送していたことが発覚。これまでも同じミスを何度も繰り返しているため、上司よりひどく怒鳴られた。

　まずはこのように、現場検証をしっかりと行ない、具体的に何が起こったのかをヒヤリングしていきます。そして、それができたら今度は、自分の中で起こっている反応を**「感情」「身体反応」「行動」**の三つに分けて分析していきます。

②このとき感じている感情の強さを％で表示していく

　この感情の欄には、「悲しみ」「恐れ」「怒り」という三つの感情が書かれています。

それぞれの感情に対して、これまで一番強くその感情を感じたときのことを、まずは思い出してもらいます。「これまで、一番強く悲しみを感じたのはいつか?」という具合です。すると、クライアントの頭の中には、悲しみを一番強く感じた瞬間がイメージとして湧いてきます。

そして、そのときの感情を100%とした場合、今回の出来事で感じた悲しみの感情が何%ぐらいなのか? そのシートに書いてもらうのです。このパーセンテージは当然、明確な基準があるわけではないので、感覚で書いてもらいます。

この事例の場合、ファーストステージで、焦る気持ちが湧いてこなければいい、という得たい結果が明確になっているので、その焦る気持ちを感じている、出荷作業をしている瞬間の感情を感じてもらうのです。

あの出荷作業をしているとき、自分がどんな気持ちだったのか? それをしっかりと感じてもらうのです。すると、いろいろな気持ちがそこにあったことを思い出されるはずです。

たくさんの荷物を前に、「めんどくさいな」という気持ち、「早く終わらせたいと焦る気持ち」「同僚に文句を言われないように、気を遣う気持ち」などです。

一瞬の出来事かもしれませんが、改めて気持ちを感じていくと、そこには、いろいろな気持ちを感じている自分自身が出てくるはずです。そのトータルの気持ちを総合して、悲しみを一番強く感じたあの日と比較するのです。

そうすると、焦ってはいるけれど、「悲しみ」という感情はあまり強くないな……。でも、同僚に嫌われているのを感じているため、少しだけ悲しみの感情もある。だから、20％だな、というように判断できます。

次に、「恐れ」の感情について見ていきます。同じように、過去に一番「恐れ」を感じた瞬間をイメージし、そのときを100％として、このときの恐れの感情がどのくらいなのか？

そして、それが終わると、同じように「怒り」についても見ていきます。

ここで、なぜ、「悲しみ」「恐れ」「怒り」の三つなのか、と疑問を持つ方もいらっしゃるかもしれません。そして、その感情を感じるからにはどうすればいいのか？　それがわからない、と思う方もいらっしゃるでしょう。

そこで、ここで、カウンセリングにとっても非常に大切なこの「感情」について、少し説明を加えてみたいと思います。

感情には四つの種類がある

人間の感情には、四つの種類があるのをご存じですか？

PFC分析シートの感情の欄には、「悲しみ」「恐れ」「怒り」と、三つの感情をパーセンテージで表わすようにしています。なぜ、この三つの感情なのか？　実は、この三つの感情に「喜び」という感情を加えた四つの感情が、人間の基本的感情（本物の感情）と呼ばれています。

この四つが本物の感情であるとしたら、当然、それ以外の感情は偽物の感情ということになります。焦燥感、憂うつ感、劣等感、屈辱感、不安感、憎しみなどいろいろありますが、これらはすべて偽物なのです。偽物と言われると、ちょっと抵抗を感じるかもしれませんが、偽物と言っても、それを感じている人をウソつきだと言っているわけではありません。感じている偽物の感情は、本物の感情の裏返しだったり、形を変えたものであるという意味なのです。

私たちは、自分の中にある本物の感情をしっかりと感じ、味わうことができれば、その感情は自然と消えていきます。たとえば、親しい人を亡くして悲しくてたまらない。そんな経験をしたとしても、そのとき、自分の中にある本物の感情（悲しみ）をしっかりと味わうことができれば、涙もいつかは止まるのです。

そして、その本物の感情をそのまましっかりと表現することができれば、感情は相手にもストレートに伝わり、誤解を生むことはありません。

でも、私たちは幼い頃、その本当の感情を表現することを、なかなか許してもらえませんでした。

たとえば、幼い頃に妹が生まれた。これまで、自分一人を愛してくれていたお母さんが、妹のことをかわいがっている。自分は放って置かれたような気分になり、「悲しみ」や妹に対する「怒り」の感情が湧き上がってくる。そして、我慢できずに、妹を叩いてしまう。すると、大好きなお母さんから「そんなことしちゃダメ」と叱られる。そして、母親は「ほら、妹はこんなにかわいいんだよ」と、妹が、いかにかわいい存在であるかを印象づけようとしてきます。それに対して、妹をかわいがるそぶりを見せると、お母さんは笑顔になり、喜んでくれる。こんなことが繰り返されると、怒りの感情が湧き上がってきたとき、ニコニコと笑ってしまうというような、本来の感情ではない代用感情を感じるようになっていくのです。

本物の感情をしっかりと感じることができれば、その感情は消えていきますが、こうして、代用感情を味わっていると、本物の感情は消えていくことなく、そこにずっと抑圧された形で残ってしまうのです。

多くの人が、幼い頃に家族や属する集団の中で、奨励されたり、禁止されたりすることによって、特定の「本物の感情」を、常に別の「代用感情」で置き換えることを習慣化してしまいます。このＰＦＣ分析シートでは、この本物の感情をしっかりと味わっていただくことをひとつの目的として、この感情の強さをパーセンテージで表現してもらうようにしています。

私たちは、大人になった今でも、本物の感情ではなく、代用感情（偽物の感情）を味わいながら生きています。だから、最初に書き出した、困った状況の中でも、当然のように偽物の感情を味わい、本物の感情を抑圧してしまっているのです。だから、まずは自分の本物の感情をしっかりと感じてみることが大切なのです。

一見、ネガティブに見える本物の感情「悲しみ」「恐れ」「怒り」ですが、本来は、感情に良いも悪いもありません。

「怒り」の感情は、現在の問題を解決するために必要な感情です。

「怒り」というと、人を攻撃することと同じように受け取る方がいらっしゃいますが、「怒り」＝「攻撃」ではありません。自分や自分が愛している人が大切にしているものや価値観、それを守るためのエネルギー、それが「怒り」のエネルギーなのです。

「恐れ」の感情は、未来に予測される問題を解決するために必要な感情です。

「また、失敗してしまうのではないだろうか?」「また、怒られてしまうのではないだろうか?」。そんな恐れの感情は、あまり味わいたくない。そう思う方も多いかもしれませんが、私たちは、過去の経験からいろいろなことを学びます。「もう、あんな目にあいたくない」「もう失敗したくない」「もう傷つきたくない」。そんな過去の経験を活かして、未来をしっかりと防衛するためのもの。それが、「恐れ」の感情です。この恐れの感情をしっかりと味わい、そして、その恐れに向かっていったとき、自分を成長させることができるのです。

「悲しみ」の感情は、過去の問題を解決するために必要な感情です。

悲しみの感情は、できれば避けたいものかもしれません。でも、この悲しさを、私たちはみんな避けることができません。だから、悲しいときには、しっかりと悲しみを感じていくことです。たくさん涙を流して、自分自身をクールダウンするのです。

悲しみという感情は、ふだん気づくことができない自分の内側を見せてくれます。自分の周りに、当たり前のようにある大切なものに気づかせてくれるのです。だから、悲しみもしっかりと味わうことで自分自身の成長につながるのです。

では、この本物の感情、どうすれば確認できるのでしょうか？

何か困った状況が起こったとき、「あなたは今、どんな気持ちですか？」と尋ねても、この本物の感情で答えてくる人は、そう多くはありません。さきほど書いたように、代用感情が現われてくることがほとんどだからです。「イライラします」「憂鬱な気持ちになります」などです。

そんなとき、どうするか？　実は、本物の感情を感じることはそれほど難しいことではありません。なぜなら、いくら代用感情を使っていたとしても、その奥にはきちんと本物の感情が隠れているから。そこで、この三つを声に出して言ってもらいます。

「私は悲しい」

「私は怖い」

「私は腹が立つ」

ただ、これを言うだけです。そして、クライアントに質問をします。「この三つの中で、どれが一番しっくりきますか？」と。ただ、そう聞くだけでいいのです。声に出して、きちんとそれが言えたとき、すぐに心は反応してくれるのです。

「私は悲しい」が一番しっくりきます。そうクライアントが言ったのであれば、今度はその悲しさを感じてもらうのです。「悲しいね。悲しんでいいんだよ」と。そうやって、クライアントの感じる感情を認めていくのです。

こうして、しっかりと味わった本物の感情と、過去に同じ感情を強く味わったときとを比較して、今の感情をパーセンテージで表わしていくのです。

ＰＦＣ分析シートの感情欄の書き方は、ご理解いただけたでしょうか。それでは次に、ＰＦＣ分析シートの身体反応と行動について見ていきます。

自分の状況（身体反応・行動・思考）に気づく

ＰＦＣ分析シートの「感情」欄の次にあるのが、「身体反応」と「行動」という欄です。自分が体験した状況をきちんと再現し、そして、そこで起こっている感情や身体反応、行動を冷静に見つめ直します。「感情」「身体反応」「行動」の三つは、すべて展開されている出来事の反応として起こってきます。だから、ふだん自分で気づくことがなかなかできません。ですから、あえて、この三つに分けてクライアント自身に書き出してもらうのです。

私たちは、悩む現実が起こったとき、頭の中でいろいろと考えていきますが、いくら考えてみても、ループするだけで、なかなかまとまりません。それが、脳の特性なのです。だから、それを一度アプトプットしてもらい、紙に書いたその状況を客観視してもらうのです。書き出した自分をもう一人の自分から見つめてみる。そうすることで、頭の中でグチャグチャになっていた思考を整理することができるのです。

とくに、うつの人は、感情や思考が激しくなって、頭の中がいっぱいいっぱいになっていますので、こうして書き出してもらうことが大切なのです。

ということで、さきほどの事例を使って、「身体反応」「行動」について見てみたいと思います。

状況

1週間前、荷物を出荷する際に、伝票の出荷先欄の確認を怠り、商品を誤発送。到着した商品が違うとお客様よりクレームがあり、誤って発送していたことが発覚。これまでも同じミスを何度も繰り返しているため、上司よりひどく怒鳴られた。

これが、そのときの状況でした。

ここには、二つの時間が存在します。ひとつは、伝票の確認を怠り商品を誤発送したとき。そしてもうひとつは、クレームが入ってひどく怒鳴られた瞬間です。彼女は、これまでも、同じような失敗を繰り返してきていますが、そのときのことを思い返すと、彼女はいつも、怒られたというそのときに意識を向けていました。そして、そうやって怒る人に対して怒りの感情を感じていました。

でも、そこをいくら探っていっても、彼女の不満が消えることはありませんでした。逆に、その怒りの感情はどんどんエスカレートして、よけいに敵を増やすことにもなりました。

ということで、カウンセリングを行ない、ミスを犯してしまう自分に焦点を当てることにしていきました。では、ミスを犯してしまうとき、彼女には何が起きていたのでしょうか？

まず、最初に身体反応について見ていきます。身体反応とは、その言葉の通り、体がどんな反応をしていたのか。ただ、それを思い出してもらうのです。心臓がバクバク鳴るとか、胃が痛むとか、汗が噴き出すとか、手足が冷たくなっている、膝が震えているなど、いろいろな反応があるはずです。

しかし、この身体反応は本当に無意識から出ている反応なので、しっかりと冷静に自分を見つめてもらう必要があります。しっかりと、そのときの状況を思い出して、どんなことでもいいので気づくことがあれば書き出していくのです。

身体反応

暑くて汗をかいていた。ちょっと呼吸が荒くなっていた。座りながら作業をしていたので、少し腰が痛かった。

彼女は、そんなことを思い出しました。では、「行動」はどうでしょうか？

行動

周りが気になり、キョロキョロしていた。

暑かったので、首からかけていたタオルで汗を拭いながら作業をしていた。

そんな行動を思い出しました。

この「身体反応」、そして「行動」について聞いていくときも、常に行なうのは現場検証です。

そこで何が起こっているのか？　しっかりと細部まで思い出してもらうのです。

ただ、このＰＦＣ分析シートを渡して、書いてください、と書かせるよりも、いろいろと聞きながら、現場検証をしながら進めていきます。そうすると、一人では見えなかった状況を確認できるようになるのです。

でも、こうして、身体反応や行動を聞いていくと、同時に「思考」の話も出てきます。

これが、「身体反応」「行動」の次の欄にある「思考（どんなことを考えていましたか？）」という部分になっていくのですが、たとえば、「行動」について聞いていくと、「周りが気になりキョロキョロしていた」という話が出てきました。そんなときは、「どういうことなの？」と出てきた言葉をさらに深めていくのです。

すると、「いや、いつも私に上から目線で文句を言ってくる先輩がいるのですが、その日は、その人がいなかったんです。だから、あら、どこに行ったんだろう？　そう思って、キョロキョロしていたんです」

こうやって、そのときに考えていた内容を、この「思考」の欄に書いていくのです。

私たちの頭の中は、常にいろいろな思考が渦巻いています。だから当然、ある一場面を切り出したとしても、そこには、いろいろな思考があります。それを、ひとつずつ書き出していきます。

「どんなことを考えていましたか?」

「いつも、文句を言う先輩がいない。どこへ行ったのだろう?」「こんな仕事はつまらないな」「早く帰りたいな」「急いでやらなきゃ」「仕事を辞めたい」「(もたもたしている同僚を見ながら)この人要領が悪いな」など、カウンセリングしていくと、このときに考えていたことがたくさん出てきました。

思考

「いつも、文句を言う先輩がいない。どこへ行ったのだろう?」「こんな仕事はつまらないな」「早く帰りたいな」「急いでやらなきゃ」「仕事を辞めたい」「(もたもたしている同僚を見ながら)この人要領が悪いな」

ここでもう一度、前に書いた「感情」のところを見ていきます。「悲しみ」、「恐れ」、「怒り」、この三つの感情にそれぞれ、一番強くその感情を感じたときと比較したパーセンテージを書いていましたね。たとえばそれが、悲しみが20％、恐れが80％、怒りが70％だったとします。ここで、一番強かった感情は80％の恐れです。今度は、もう一度、すでに書いた、思考の欄を見ていきます。そして、この「恐れ」という感情に強く影響を及ぼしている思考を見つけて○をつけていくのです。

「いつも、文句を言う先輩がいない。どこへ行ったのだろう？」「こんな仕事はつまらないな」「早く帰りたいな」「急いでやらなきゃ」「仕事を辞めたい」「（もたもたしている同僚を見ながら）この人要領が悪いな」――この中で、「恐れ」の感情に一番影響している思考はどれでしょう。するとAさんは、「急いでやらなきゃ」という思考が、恐れの感情を引き起こしているような気がする、と言いました。

ここで、感情に影響を与えている思考がひとつ判明しました。それは、「急いでやらなきゃ」です。この思考が浮かんできたとき、クライアントの感情が動くのです。

反対思考を作り出す

こうして、ＰＦＣ分析シートの「思考」の欄が埋まりました。そして、感情に一番影響を与えている「思考」が見つかりました。実は、ＰＦＣ分析シートのここまでの部分は、カウンセリングのファーストステージで悩みの原因を見つけていきましたが、それを、改めてまとめた形になっています。

つまり、このPFC分析シートにある「状況」「感情」「身体反応」「行動」「思考」の五つを明確にしていくことが、ある意味カウンセリングのファーストステージなのです。

ですので、ここからセカンドステージ（書き換え）に入ります。でも、PFC分析シートを見ると、「反対思考」という欄があります。そこには、「Aで選んだ考えと反対の考え方」と書かれています。これは、書き換えを行なうための最後の準備になるのですが、「反対思考」とは、感情に一番影響を与えた「思考」の反対の考え方という意味です。

単純に、Aの反対になればいいのです。ですから、この例で言うと、「急いでやらなきゃ」というのが、感情に一番影響を与えている思考だったので、これを反対の意味になるように作り変えればいいのです。

「急いでやらなきゃ」の反対→「急がなくてもいい」。単純にそういうことです。

反対思考

「急がなくてもいい」

他にも、例を挙げると、「信頼を失ってしまった」という思考が一番感情に影響を与えていたとすると、その反対だと「信頼は失っていない」ということになります。他にも「何をやってもダメだ」という思考であれば、その反対だと「何をやってもダメなわけではない」です。きわめて単純な話です。

もう一度、脳の働きを思い出してみてください。私たちは、環境の中でさまざまなものを見て聞いて、それを自分の中に取り入れていきます。大脳新皮質を使って取り入れる、ということでした。そして、それを大脳辺縁系へとニューロンを使って電気信号で送っていく。するとそこには、過去の経験というフィルターがセットされていて、そのフィルターを通して物事を見ていくと、経験とセットになっている感情が湧き上がってきます。そして、その感情を感じることで、「身体反応」や「行動」が起こります。すると、この「感情」「身体反応」「行動」が再び大脳新皮質に戻され、このパターンが強化されていくのです。

このパターンが、私たちの脳の中で、グルグルと回っていっているのです。

さて、話を反対思考に戻しますが、私たちが悩みを解決するためには何が必要なのかと考えてみると、この頭の中をグルグル回るパターンをどこかで変える必要があることがわかると思います。どこかひとつでも変われば、このパターンに変化が起こり、出てくる答えが変わっていくと考えられます。それは、「感情」でも「身体反応」でも、「行動」でも「思考」でもいいのです。どこかが変われば、パターンが変わるのです。

でも、「感情」「身体反応」「行動」の三つは、結果として出てくるものであり、なかなかここを最初に変えるというのは難しいことです。だから、もうひとつ残っている「思考」に焦点を当てるのです。「思考」というものは、今、反対思考を作っていったように、頭で考えれば、その反対の考え方というものは出てきます。「急いでやらなきゃ」の反対↓「急がなくてもいい」というのは、すごく単純です。

しかし、これを作っただけで、脳の中で行なわれているパターンが変わることはありません。そこで、この「反対思考」を自分の中に取り入れることが必要なのです。

少し話は変わりますが、「真実」とは何だと思いますか？

突然何の話だ、と思われたかもしれませんが、たとえば私は、今泉家の長男として生まれました。姉と妹の三人兄弟。兄弟の中で男は一人、ずっとそう思っていました。でもあるとき、実は、二つ上に兄がいたということを聞かされました。残念ながら死産であり、私と会うことはできませんでしたが、私には男兄弟がいたのです。それを聞いた瞬間、私の中の真実が変わります。私には兄がいたんだと。

話が少し大きくなりますが、天動説と地動説という話を聞いたことがありますか？

16世紀にコペルニクスが出てくるまでの人々は、地球は宇宙の中心にあり、周りの天体が動いているという天動説を信じていました。そう信じている人にとって、地球が動いているなんて、そんな馬鹿なことがあるものか。地動説を聞いた最初は、全員がそう思ったことでしょう。だって、事実として太陽は東から上り、西へ沈んでいく。太陽が動いているじゃないかと。

でも、そんな人も、さまざまな証拠を突きつけられていくと、いつか、「そうか、地球が動いているんだ」と考えるようになるのです。

真実とは、自分が信じたことなのです。だから、信じるに値するものがあれば、私たちの真実はいつだって変えることができるのです。

でも、過去の出来事を変えることはできません。タイムマシンに乗って、あのとき出会いがあったけれど、その出会いをなくしてしまう、ということはできません。

ただし、過去の経験から学んで、でき上がった思考でも、さまざまな証拠がそろえば変えることができるのです。そこで、この反対思考を信じることができる材料をそろえていきます。

これが、セカンドステージの書き換えです。次の章で、いよいよ書き換え方法の具体的なお話に入っていきたいと思います。

7章

ＰＦＣ分析シートによる「書き換え」の方法

感情に影響を与える「思考」を持つことのメリット・デメリット

これから思考を書き換えるための方法について、説明していきます。ＰＦＣ分析シートの前半で、自分の状況をしっかりと把握することができました。「状況」「感情」「身体反応」「行動」「思考」、そして「反対思考」。これが、悩みを持っているときの自分です。

私たち人間は、誰だって悩みを持つことはあります。でも、その悩みの状態は、どんな状態なのでしょうか？　ほとんどの人が、そんなことを考えたことはないと思います。でも、悩んでいるときの自分をこうしてパーツに分けていくと、悩んでいるときの自分を初めて客観的に見ることができるようになるのです。

悩みを解決するためには、まず、自分自身をしっかりと把握することが必要です。カウンセラーとして、ここまで、クライアントを細かく理解していくことができたとき、クライアントも悩みを解決する入口にたどり着くのです。

さて、それでは本題、ＰＦＣ分析シートの後半に入ります。

ＰＦＣ分析シートの真ん中あたりに、「Ａで選んだ考えと、Ｂの考えについて検討（ブレインストーミング）していきます」とあります。このＡで選んだ考えとＢの考えというのは、この前に書いた「思考」と「反対思考」のことなのですが、この二つについて、いくつかの設問に答える形でブレインストーミング（brainstorming）（以下、ブレスト）をしていただきます。

ブレストとは本来、集団（小グループ）によるにアイデア発想法のひとつで、会議の参加メンバー各自が自由奔放にアイデアを出し合い、お互いの発想の異質さを利用して、多数のアイデアを生み出そうという集団思考法・発想法のことですが、それを、クライアント一人でやってもらうのです。

早速、設問を見ていきましょう。最初の設問①は、「Aの考えを持つことのメリットは?」と書いてあります。

さきほどの例で言うと、Aの考え（思考）はいろいろ出てきました。「いつも、文句を言う先輩がいない。どこへ行ったのだろう?」「こんな仕事はつまらないな」「早く帰りたいな」「急いでやらなきゃ」「仕事を辞めたい」「（もたもたしている同僚を見ながら）この人要領が悪いな」などでした。

そして、この中で、感情に強く影響しているものに○印をしました。この○印をした思考、それを深く探っていくのです。この例では、「急いでやらなきゃ」でした。この考え方、「急いでやらなきゃ」と考えることのメリットをここに挙げていくのです。

しかし、この思考はもともと、感情に強く影響しているものでした。この事例では、恐れの感情を強く感じるとき、この思考が浮かんできていました。ということは、普通に考えると、こんな思考が湧いてこなければいいのに……と思うはずです。

でも、実は、そう考えるということは、そう考えることのメリットが、必ずそこにはあるのです。そう考えた方がいいからこそ、私たちの潜在意識はその思考を出してくるのです。

そう考えることのメリットとは何なのでしょうか？　ここで、もうひとつ注意事項があります。さきほど述べたように、ここではブレストをしていくのです。

ブレストとは、どんなことでもいいから、とにかく書き出していくということが大切です。正解を書くということではありません。どんなにバカバカしいことでもいいから、とにかく数を出していくことが必要なのです。

うつ病の方や悩んでいる方の多くは、ひとつの思考にとらわれて、こうあるべきと思い込んでいることが多いのです。そのため、とにかくたくさん出していきます。ですから、カウンセラーがやることは、クライアントをのせてどんどん思考を出させることです。何でもいいんだよ、と許可をして、とにかくいろいろなことを考えてもらいます。ときには、カウンセラー自身が、こういうのはどう？　とアイデアを出してみるのもいいでしょう。

①Aの考えを持つことのメリットは？

「仕事のスピードが上がる」「気合が入る」「仕事ができる人として認めてもらえる」「早く仕事が終わり楽になる」などなど、いろいろ出てきました。「急いでやらなきゃ」と思うには、そう思うメリットがあるのです。このメリットを考えた後、次に考えるのは、②の、Aの考えを持つことのデメリットです。

②Aの考えを持つことのデメリットは？

「気持ちが焦る」「ミスが増える」「ルールを無視してしまう」「ゆっくりしている人を見るとイライラする」など、その考えを持つことによりメリットがあるように、デメリットも存在します。

こうして、メリット、デメリットをしっかりと考えてみると、こう思うことで、自分が何を得ようとしているのか？　また、何を失っているのか？　頭の中にいろいろなことが浮かんできます。紙に書き出していくことで、客観的に自分の思考を見ることができるのです。

私たちは、幼い頃にいろいろなことを潜在意識の中に取り込んでいく、と述べました。

このクライアントの場合、「急いでやらなきゃ」という思いを、過去のどこかの段階で取り込んだのです。当然、その取り込んだときには、そうすることのメリットがあったのです。というよりも、ひょっとすると、そうせざるを得ない状況だったのかもしれません。

人間は、生まれてから一人で大きくなることはできません。生まれたまま、放って置かれると生きていくことはできないのです。だから、保護してもらうために、自分を育ててくれる人の言うことを聞く必要があるのです。

でも私たちは、なぜその思いを取り込んだのか？　その出来事や理由は、時間が経つことに

①Aの考えを持つことのメリットは？

・仕事のスピードが上がる　・気合が入る

・仕事ができる人と認めてもらえる　・早く仕事が終わり楽になる

②Aの考えを持つことのデメリットは？

・気持ちが焦る　・ミスが増える

・ルールを無視してしまう

・ゆっくりしている人を見るとイライラする

A＝「急いでやらなきゃ」

より記憶から消えていきます。

脳科学では、思い出せる記憶を顕在意識（顕在記憶）、ふだんは思い出すことができない深い記憶を潜在意識（潜在記憶）と呼んでいます。潜在意識も顕在意識も同じ記憶にまとめられているのですが、ふだんは意識には上ってこないけれど、この「急いでやらなきゃ」という思いは、思考、感情、行動、身体反応に確実に影響を与えています。

ということは、記憶が消えているわけではなく、潜在意識の中にしっかりと入っているということなのです。

ふだんは、思い出すことができない潜在意識ですが、余計な外部との感覚情報のやり取りを遮断すると、大脳新皮質が優位な状態（β波）から大脳辺縁系が優位な状態（α波〜θ波）に変わっていきます。そうなると、思い出しやすい状態になり、深くにある潜在意識（潜在記憶）も出てきやすくなるのです。

こうして、ひとつの思いに対して、ブレストを使って紙に書き出し、いろいろな方向から客観的に見ていくことで、ふだんは思い出せないさまざまな思いがよみがえってくるのです。

思考が湧き上がる理由（事実を確認する）

次に、③の「Aのように思う理由（事実のみ）は?」という設問について考えていきます。繰り返しになりますが，Aのように思うとは、「急いでやらなきゃ」ということでしたね。仕事中、ふと「急いでやらなきゃ」という思いが湧いてくる。ではなぜ、そんな思いが浮かび上がるのか?　その理由を、この欄に書いていきます。でも、よく見ると（事実のみ）とあります。そう思う理由をここに書いていくのですが、結構、事実ではなく思い込みという場合があるので、ここには、事実のみを書き出していきます。

クライアントに、なぜそう思うのかと質問をしていくと、「当日出荷しなければいけない仕事の量が決まっており、急がないと時間に間に合わなくなる」という答えが返ってきました。事実として、出荷しなければいけない量がたくさんある。でも、このクライアントは、カウンセリングの最初の方で、わからないことがあったときでも、マニュアルを読む時間や人に質問する時間すらないと話していたので、私はもう一度、クライアントにこう質問をしてみました。「本当に、マニュアルを読んだり、質問することもできないのですか?」「他の方も、やはり、マニュアルは読まずに、人に質問をすることもないのですか?」と。すると、たしかに作業中にゆっくりとマニュアルを読む時間はないが、他の人は、ときどきマニュアルを使って調べている姿を見ることもあると言います。

③Aのように思う理由（事実のみ）は？
「当日出荷しなければいけない仕事の量が決まっており、急がないと時間に間に合わなくなる」
※ただし、マニュアルを読むことや、人に聞くことはできる。

A＝「急いでやらなきゃ」

そして、わからないことがある場合、人に質問している人もいるということでした。ということは、出荷しなければいけない量があり、急がないといけないというのは事実であるが、マニュアルを読んだり、質問する時間すらないという状態ではないということがわかりました。

反対思考の理由（事実のみ）

次に、④「Bのように思う理由（事実のみ）」を考えてみましょう。Bとは、Aの反対の考え方でした。シート前半の最後にこの「急いでやらなきゃ」という思考の反対を考えました。「急いでやらなきゃ」の反対は「急がなくてもいい」でした。

では、この反対思考「急がなくてもいい」についても、同じようにそう思う理由を考えてみます。なぜ、急がなくてもいいのか？

「急いでも、さほどスピードは変わらない」「逆に、ミスが起こり、よけいに時間がかかることがよくある」「周りの同僚は、それほど急いでいない」などです。いつも急がなければならない。そう思っていたはずなのに、その反対の思いにもいろいろな理由が出てくることがわかります。

では、なぜここで、思考と反対思考が浮かんでくる理由を事実から見ていくのでしょうか？

これまでにも何度も話をしてきましたが、私たちは、自分の外側にある環境からさまざまなものを受け取り、そして、それを自分の中に取り込んでいきます。そのときに、過去の体験というフィルターを通してみることで、過去に感じた感情と同じような感情を味わっています。そして、その感情が、身体反応として出たり、行動に影響を与えたりしていくということでした。

そして、その身体反応や行動は、また思考の中に戻ってフィルターを強化し、より強いパターンができていく。しかし、このパターンがネガティブなものであれば、そこに悩みが生まれ、そして、それが強化されていくのです。

だから、このネガティブなパターンを変えるためには、この流れの中のどこかを変えていく必要があるのです。

そのため、このＰＦＣ分析シートでは、感情に一番影響を与えている思考に焦点を当てて、その反対思考というものを考えていきました。つまり、思考を変えることで、このパターンを切り崩していこうというのです。

でも、「思考を変える」と言うと、勘のいい人は、「ポジティブ思考のことかな？」と思うかもしれません。

ポジティブ思考とは、物事をいつも肯定的な方向で捉えている考え方のことを言いますが、でも、いくらポジティブ思考でいこうと思っても、そう思える根拠がないと、なかなかそれを強く信じることはできません。

だから、この何年も何十年も繰り返してきたパターンを根拠のない思考で変えていこうとしても、それは、なかなかうまくいかないのです。

だから、このPFC分析シートでは、事実のみを見て、根拠を持って思考を変えていくことにチャレンジしていくのです。頭でだけではなく、そこに明確な理由があれば、私たちの心も体も納得して、慣れたパターンを変えることができるようになるのです。
③、④の「思考」「反対思考」の理由を事実から考えていく、ということをご理解いただけましたでしょうか?
私は、カウンセリングをしていていつも思うのは、多くの人が、事実で悩んでいるのではなく空想で悩んでいるということです。

「もし、こんなことになってしまったらどうしよう」――そんな思考が自分自身を怖がらせているのです。

これはやはり、過去の経験というフィルターから物事を見ることで起こる現象で、未来に対する備えという意味では、必要な感情かもしれませんが、頭の中で、過去の体験を未来に持っていって、本当に大切な「今」という時間を恐怖という感情の中で過ごしていくのでは、悩みを解決できないのはもちろん、明るい未来を創り出すこともできません。

④Bのように思う理由（事実のみ）は？
急いでも、さほどスピードは変わらない。
逆に、ミスが起こり、よけいに時間がかかることがよくある。
周りの同僚はそれほど急いでいない。

B＝Aの反対の考え方「急がないでいい」

自分を怖がらせるような空想を止めるためには、やはり、現実をしっかり見ることが必要です。「今」という、この一瞬を事実としてとらえることができるようになれば、悩める思考パターンを変えることができるのです。

さて、それでは、次に⑤の◯◯だったら、どのように対処するだろうか？（友人、尊敬する人、神様だったら……など）について説明していきます。

友人、尊敬する人、神様だったら……

次に、⑤「◯◯だったら、どのように対処するだろうか？」という設問に入っていきます。

この◯◯という部分が、友人だったり、尊敬する人だったり、あるいは、神様だったら……そう考えてみるということです。

私は昔、よく「人の立場に立って物事を考えなさい」と怒られていました。これを書いている今も、当時、怒られていたときの私の映像が頭の中に出てきます。自分勝手で、人のことなんてお構いなし。そんな私だったのですが、当時は、「人の立場に立って……」と言われても、何となくわかるような、わからないような……という感じだったのですが、今、私はカウンセリングを行なう中で、この「人の立場に立つ」ということを、ひとつのスキルとして使っています。

私はこれまで、いろいろな心理療法を勉強してきたのですが、その中で、一番力を入れているのが、ヒプノセラピーという心理療法です。ヒプノセラピーとは、日本語では、催眠療法と呼ばれていますが、このヒプノセラピーの中に、人格交代というやり方があるのです。

人格交代とは、読んで字のごとく、人格を交代するということなのですが、たとえば、あなたが最近、怒りの感情を覚えたときを思い出してみてください。できれば、他人に対して腹を立てたときの方がいいでしょう。会社で上司から理不尽なことを言われたとき、ご主人や奥さんと喧嘩したとき、友達に裏切られたときなど、どんなときでも結構です。

さあ、その怒りを感じた瞬間、あなたはどんな場所にいましたか？　頭の中でリアルにもう一度思い出していくのです。あのときのあの場所。すると、結構はっきりとイメージできると思います。さあ、そのとき、そこで何が起こったのですか？　そのとき、相手はあなたに何と言ってきたのでしょうか？　また、どんな態度をとっているのでしょうか？

ヒプノセラピーでは、このようにしっかりとその瞬間を思い出してきてもらいます。

前に、潜在意識は現実と想像の区別がつかないという特徴を述べましたが、こうして、腹が立った瞬間を頭の中で再現していくと、また何だか腹が立ってきます。

そのくらいしっかりとイメージができたら、今度は、相手の顔をじっと見つめてみるのです。

相手がどんな顔をしているのか? どんな言葉であなたに文句を言っているのか?

さあ、あなたはその顔を見て、今、何を感じますか? この人のことをどう思いますか?

たとえば、あなたは忙しい中、一人暮らしをしている実家のお母さんを心配して、少しでも時間があれば、こうして片道1時間の実家までの距離を、車を飛ばして駆けつけ、お世話をしています。でも、実家に着いて母親と話をしていると、「あなたは、いつも自分のことばっかりで何もしてくれない」と、お母さんが言い出します。そう言われた瞬間、「私は、自分の家のことは後回しにして、お母さんのためにと必死で頑張っているのに……」と大きな怒りが湧いてきます。

こんな場面があったとしたら、この瞬間をしっかりと思い出すのです。お母さんの顔、お母さんの言葉、そして、その瞬間のお母さんを見て、このお母さんのことをどう思うか? それを感じてみるのです。すると、「この人、なんでこんなことを言うのだろう?」「自分がどれだけ、自分のことを犠牲にしてあなたにために動いているのか……」など、いろいろな思いが湧いてきます。

ヒプノセラピーの人格交代では、こうして場面を再現し、次にこんな言葉でお母さんの中に入ってもらいます。

「では、今度は、お母さんの中に入ってお母さんの気持ちを聞いていこうね。私が、三つ数を数えるとあなたはお母さんの中に入るよ」

「1・2・3！　はいっ！　す～とお母さんに入ったよ！」

そして、次の瞬間、その人に向かって、「お母さん」と声をかけていくのです。

「お母さん、今、目の前に◯◯さんがいるよね。◯◯さんはどんな顔してお母さんを見ていますか？」

こうやって、今度は逆に、お母さんから見た自分をイメージしてもらうのです。すると、腹を立てている自分の姿が浮かんでくる。

「お母さん、今、目の前にいる◯◯さんは、お母さんに、『あなたは、いつも自分のことばっかりで何もしてくれない』と言われて、『私は、自分の家のことは後回しにして、お母さんのためにと必死で頑張っているのに……』とものすごく腹を立てています。そんな◯◯さんを見て、お母さんはどう思いますか？」

そうやって、お母さんの気持ちを聞いていくと、なんだか、本当にお母さんになったように、その気持ちが浮かんでくる。

「いや、この子が一所懸命してくれているのは、十分わかっているのです。私もなんであんなことを言ってしまったのか……。でも、やっぱりさびしくて……」

このように、目の前の人に入る。そんなイメージをするだけで、その怒っていたときには、まったく感じることのできなかった相手の気持ちを感じることができるのです。もちろん、この気持ちが本当に相手の気持ちかどうかはわかりません。でも、自分の中で、「あーお母さん、こう思っていたんだ」と思えれば、その思いが本当かウソかなんてまったく関係のないことになってしまいます。

では、設問⑤「○○だったら、どのように対処するだろうか？」

最初に書いたように○○の部分は、友達や尊敬する人、あるいは、神様など、この人だったらきっとこんなことで悩まないだろうと思えるような人を入れてもらうのですが、ここで、ぜひカウンセラーとして、クライアントに、いろんなイメージをさせてあげてください。

誰をイメージさせるのか？　この人がいいという正解があるわけではありませんが、クライアントのいろいろな思いを引き出す大きなチャンスだと私は思っています。

友人だったらどんな対応をするだろうか？　尊敬する人だったら、どんな対応をするのか？　神様なら……？　きっと、いい考えがクライアントの中から湧き出してくるはずです。

ここまで話してきた事例で言うと、彼女は学校を卒業して、初めて就職した会社にものすごく尊敬していた先輩がいらっしゃったそうです。とても優しくて、頭がよくて、いろいろなことを丁寧に教えてくれた大好きな先輩でした。

こうやって、過去の思い出を思い出してもらうだけでも、彼女の目には涙が浮かんできました。これは、しっかりとイメージできている証拠です。そこで、もし、自分がその先輩だったら。そうイメージしてもらったのです。すると、「あの先輩なら、私みたいに、あわてて送り先を間違えるなんてことは絶対にないと思います。いつも落ち着いて行動し、そして、丁寧に

⑤〇〇だったら、どのように対処するだろうか？
（友人、尊敬する人、神様だったら……など）
・落ち着いて行動する。
・丁寧に見直しをする。
・マニュアルをしっかりと読む。

見直しをする。そう言えば、先輩はとにかくマニュアルを読む人でした。いつも勉強している感じですね」。そんな話になりました。

友人から相談されたら……

次に、⑥「友人から相談されたら、何とアドバイスしますか？」という設問を考えてみましょう。もし、仮に自分が同じような相談をされたら何とアドバイスをするのか？

いろいろ悩みを持っている方がいらっしゃいますが、特にうつ病の方など、よく話を聞くと、ものすごく優しい方が多いのです。私は、そうした印象を持っています。そして、そんな方は、自分のことだとよくわからないけれど、他人のことになると、いろいろ意見が言える。ちゃんと客観的に判断できるようになったりするのです。

このクライアントも、「もし、お友達からそんな相談を受けたら……」と質問すると、「やっぱり、自分に自信がないから焦ってしまうのだと思うから、まず、自信を持つために、もう少し積極的に仕事に取り組んでみては？」「あなたは、本当は、仕事ができない人ではないから、あわてず

⑥友人から相談されたら、何とアドバイスしますか？

・やっぱり、自分に自信がないから焦ってしまうのだと思うから、まず自信を持つために、もう少し積極的に仕事に取り組んでみては？
あなたは、本当は仕事ができない人ではないから、あわてず、ゆっくりと周りを見てごらん。
・あなたはできる人だから、自分にもっと自信を持っていいよ。

ゆっくりと周りを見てごらん」「あなたはできる人だから自分にもっと自信を持っていいよ」などなど、いろいろな意見が出てきました。これは、友人だったら……というスタンスで話をしていますが、自分で自分にアドバイスをしているのと同じですよね。

結局、ここには、自分が言ってほしいような言葉が出てくるのです。

さあ、ここまで、六つの設問がありました。この六つの設問一つひとつの答えを、しっかりとカウンセラーとして引き出していく。当然、思いを引き出すためには、ここでも、現場検証やしりとりカウンセリングを使っていきます。しかし、答えという結果を出すことも大切なのですが、こうして、一つひとつの設問と真剣に向き合い、答えを探る過程をカウンセラーとして大事にしてほしいのです。

こうして、今までの自分では見たことがなかった視点を与え、それをしっかりと感じていくことで、クライアント自身の思考の幅がどんどん広がっていくのです。思考の幅が広がることが、新しい思考を作るきっかけとなります。

新しい思考を作ることが、このカウンセリングの目的です。新しい思考が生まれることで、これまでの悩みの状況に変化が起こるのです。

それでは、次に新しい思考を作るために設問⑦を見ていきましょう。

新しい思考を作る

それでは、新しい思考を作る。ということを考えてみたいと思います。

これまで、六つの設問で、自分をいろいろな方向から眺めてもらいました。こうして、思考の幅を広げたことで、過去に思ったことがなかったような考えもクライアントには浮かんできているはずです。そこで、頭の中にある新しい思考をしっかりと言葉に落とし込んでみるのです。

設問⑦を見ると「③と④を「しかし」で繋ぎ、新しい考えを作ってみる」とありますね。

この事例で見てみると、③の設問は、思考が浮かんできた理由を事実のみに限定して書いていきました。そこで、このクライアントから出てきた答えは「当日出荷しなければいけない仕事の量が決まっており、急がないと時間に間に合わなくなる」でした。

そして、④は反対思考について、そう思う理由をこちらも事実のみという視点で考えてもらいました。そして、出てきた答えが「急いでも、さほどスピードは変わらない。逆に、ミスが起こり、余計に時間がかかることもよくある。周りの同僚はそれほど急いでいない」ということでした。

この二つの答えを「しかし」という言葉で繋いでみるのです。そして、そこから、新しい思考を作ってみる。では、早速「しかし」で繋いで、新しい思考を作ってみましょう。

「当日出荷しなければいけない仕事の量が決まっており、急がないと時間に間に合わなくなる、と思っていたが、しかし、急いでも、さほどスピードは変わらないし、逆に、急ぐことでミスが起こりやすく、よけいに時間がかかってしまうこともある。また、周りの同僚はしっかりと、マニュアルを見たり、人に聞いたりして慎重に仕事を進めている。だから、明日からは、私も、まずは焦ることなく、そして、一つひとつの仕事を丁寧に、責任を持って進めてみようと思う」

③と④を「しかし」で繋ぎ、そして、それをもとに、その他の設問への回答を含めて新しい思考を作ってみるのです。

そして最後に、設問⑧でこの新しい思考を取り入れたときの感情の変化を感じてみます。

まずは、この新しい思考を言葉にしている自分や、考えている自分をしっかりとイメージしていきます。もともと、このクライアントは、この悩みの状況が起こったとき、一番強く感じていた感情は「恐れ」でした。そして、その強さは、これまで、感じた恐れの感情の中で、一番強く感じたときを100％とすると、80％ほどの恐れの強さだと話しておられました。だから今度は、この新しい思考を感じているときの恐れの感情を感じてもらうのです。

すると、このクライアントは、もともと80％だった恐れの感情が、半減して40％くらいになったと言いました。

ここで、この恐れの感情を０％にする必要はありません。なぜなら、前にも書いた通り、このシートにある悲しみ、恐れ、怒りの感情は、それぞれがものすごく大切なものなのです。さまざまなことを教えてくれるこの感情。しかし、その感情が強くなりすぎたことで、苦しさが強くなっているのです。だから、この強すぎる感情を少しでも抑えることができれば、ある意味このカウンセリングは成功なのです。

もともと、このクライアントは仕事をしているとき、自動的に、「急がなきゃ」という思考が湧いてきて、それが、仕事のミスにつながって同僚や先輩の信頼を失い、人間関係がうまくいかないと悩んでいました。

それが、この自動的に湧き上っていた思考「急がなきゃ」に変化が起こることで、今度は、その新しい思考が、大脳辺縁系に送られるようになるのです。すると、過去の記憶とセットとなり湧き上がっていた「恐れ」という感情がやわらぎ、身体反応と行動に変化が現われます。こうして、少しずつ自分の変化に気づいていくのです。

ここまで、ＰＦＣ分析シートの使い方について説明してきました。カウンセリングを成功させるためには、まず、クライアントの悩みの原因をしっかりと見つけ出して、そのテーマに沿ってこのＰＦＣ分析シートを使い、悩み解決に導いていくのです。

でも、ここでひとつ勘違いしないでいただきたいことがあるのです。それは、この新しい思考さえ作れば、悩みが解決できるなどとは考えないということです。この新しい思考は、あくまで出てきた結果です。当然、この結果も大切なのですが、ここに至る過程、ここでは、この設問一つひとつをクライアントに考えてもらうときに、いかに、カウンセラーがクライアントにこれまでとは違う視点を持たせることができたのか、そして、クライアントから新しい思考を引き出すことができたのか、が大切なのです。

「あ！　今、話していて思ったのですが……」。これは、私がカウンセリングをしているとき、クライアントからよく聞く言葉です。私は、この瞬間を「気づきの瞬間」と呼んでいますが、ある意味、これが、本当の意味で新しい思考ができた瞬間なのかもしれません。ＰＦＣ分析シートを使って、新しい思考を作る作業をする。そこで、でき上がった新しい思考を見て、ハッと気づく瞬間があります。そのハッと気づいた瞬間を重ねていくことで、本来の自分に戻ることができるのです。

誰しも、赤ん坊のときから悩んでいる人なんていません。生まれた瞬間の私たちは、笑顔ひとつ、泣き声ひとつで、まわりを幸せにすることができる天使のような存在なのです。でも、そこからいろいろな経験をして、さまざまな決断を繰り返すことで、今の自分ができ上がっています。だから、もしそのでき上がった状態が苦しい状態であれば、もう一度、本来の自分、天使のような存在に戻っていけばいいのです。

「ハッと気づく瞬間」。その一つひとつが、本来の自分に塗り固めたメッキが剝げた瞬間です。それを感じてもらうためにあるのが、心理カウンセリングなのです。

ぜひ、このＰＦＣ分析シートをカウンセリングのひとつのツールとして使っていただき、あなたとあなたのクライアントが気づきの瞬間を共有できたらうれしいと思います。

ＰＦＣ分析シートの説明はここまでになりますが、次の章では、このシートを使って行なったカウンセリングの実例をいくつかご紹介します。

8章

PFC分析シートを使った事例検証

事例検証1

自分の責任回避に懸命なPTA会長に腹が立つ

それではこれから、実際にPFC分析シートを使ったカウンセリングの事例を見ていきたいと思います。最初の事例は、40代主婦Bさんのカウンセリング事例です。

Bさんは、ご主人と高校生の娘さん、中学生の息子さんの四人家族です。現在は自分の仕事も持ちながら、PTAの本部役員を務め、家庭と仕事と学校行事の三つの役割を上手にこなしながら、忙しい毎日を送っています。そんなBさんは、カウンセリングが始まるとすぐに、「上から言われるとイライラするんです」と口にしました。「上から言われるとイライラする」ってどういうことですか？　そうやってカウンセリングがスタートしたのです。

以下、Bさんの状況を書いてみます。

現在Bさんは、息子さんの中学校のPTA役員を務めています。担当は、学年の活動窓口です。各学年で、毎年いろいろな活動を行なっていくのですが、各学年のPTA役員が困ったとき、相談の窓口になる役割ということでした。

ある日、そんなBさんに、1年生の役員さんから今年開催する活動についての問い合わせがありました。内容は、1年生の子供達にタイムカプセルを作ってあげたいというような内容でした。Bさんは、過去にも似たような事例もあり、多分、問題ないだろうと思いましたが、自分で許可を出すわけにはいかないので、案件を預かり、PTA会長に相談してみました。

するとその案件に待ったがかかったのです。自分はよいと判断したのに、それがダメだと言われている。そんな状況になったとき、Bさんの頭の中に、この人（PTA会長）はダメだ。そんな思いが湧いてきます。そして、なぜこの案件がダメなのか説明を受けたのです。

でも今度は、その説明がよくわかりません。自分が質問している内容にきちんと答えてくれないPTA会長。Bさんから見ると、自分の責任を回避するために必死に立ち回っているようにしか見えてこないのです。そんな状況で、Bさんのイライラはどんどん大きくなっていったのです。

こんなことがあり、なぜこんなにイライラするのか、Bさんは自分なりに考えてみました。すると、これと同じようなイライラを過去にも何度も体験していることに気づいたのです。同じことを繰り返している。

そこで、過去の状況も含めてよく考えてみると、最初にクライアントが話したように、上からものを言われるとイライラしていることに気がついたのです。

「上から目線の人に無性に腹が立つ」

それでは、ここからPFC分析シートを作っていきたいと思います。

状況を書き出しましょう(いつ? どこで? 誰と? どんな出来事が?)

先週、PTA役員の方より活動について相談を受け、それをPTA会長に上げたところ、ダメだと言われた。

自分としては、問題ないと判断していた内容であり、相談を受けた役員の方にも回答をする必要があったため、会長に何がいけないのかの説明を受ける。しかし、その内容は、こちらが質問している内容への回答となっておらず、自分自身、ダメだと言われる理由が理解できない。そのような状況で、PTA会長が責任回避をしているように思えて、イライラの感情が大きくなった。

自分の中で起こっている反応を書き出しましょう

感　情	身体反応	行動
※強さを%で表示 悲しみ（30%） 恐　れ（20%） 怒　り（50%）	・頭がカッとする ・背中から火が出ているような感じがした。	うまくいくように必死で立ち回った。 PTA会長への説明を求め、役員の方には、応援するので頑張ってほしいと伝えた。

A. 思考（どんなことを考えていましたか？　※感情に強く影響しているものに○をつける）
・PTA会長がうまくいかないようにさせている。
・PTA会長が自分や学年役員の方を試している。
・建設的じゃない。　・自分の立場を守ろうとしている。
○・いい方向に進もうとしているときに、足を引っ張ろうとしている。

B. 反対思考（Aで選んだ考えと反対の考え方）
○・いい方向に進もうとしているとき、PTA会長も邪魔はしていない。

Aで選んだ考えと、Bの考えについて検討（ブレインストーミング）していきます

①Aの考えを持つことのメリットは？ ・私はうまくいくように働こうと決意できる。 ・この人には負けないと闘志が湧いてくる。	**②Aの考えを持つことのデメリットは？** ・イライラする。 ・落ち込む。 ・何でなんだろうと考えてしまう。
③Aのように思う理由（事実のみ）は？ ・質問に対して、違う内容の回答をしてくる。 ・何が言いたいのかわからない。	**④Bのように思う理由（事実のみ）は？** ・ちゃんとその都度、メールの返信はあった。 ・後日、本人より申し訳なかったと謝罪のメールが届いた。
⑤〇〇だったら、どのように対処するだろうか？（友人、尊敬する人、神様だったら……など） 自分の母親だったら。 「お母さん、よくわからない」と受け流すはず。	**⑥友人から相談されたら、何とアドバイスしますか？** ・一緒にPTA会長の文句を言って、共感する。 ・その人の立場もあるしね～
⑦③と④を「しかし」で繋ぎ、新しい考えを作ってみる こちらの質問に対して、違う内容の回答をしてきて、何を言いたいのかがわからなかった。しかし、ちゃんと、こちらがメールする都度、メールは返信してくれていたし、後日、本人より謝罪のメールも届いており、会長は会長なりに頑張っていたのかもしれない。	**⑧左記のように考えたときの感情の強さの変化（%）（新しい感情があれば、それも書き出す）** 悲しみ（30%）→（10%） 恐　れ（20%）→（10%） 怒　り（50%）→（20%）

ＢさんとＰＦＣ分析シートを作成しながら、いろいろなお話をしていきました。そして、新しい思考を作り、感情に変化が現われました。でも、ＰＦＣ分析シートは、この答えを出すことだけが目的ではありません。これを作りながら、いろいろなことを考えてもらうのです。

今回のこのクライアントＢさんは、このシートを作った後、このすべての状況を振り返り、こんなことを話されました。

「私は、必ずと言っていいくらい、このポジションに行くんです」

このポジションとは、彼女はこれまでも、こうして何かの役割を担ったとき、そこには、自分の邪魔をするような存在が現われる。そして、それに反発し、周りの人達と協力し、その結果、必ずうまくいくというのです。

「ひょっとすると、最初から自分でわかっているのかもしれません。こうして反発することで、闘志が湧いてくるんです」と、彼女は素敵な笑顔でそんな話をしてくれました。

「上から目線の人に無性に腹が立つ」。ひょっとすると、本当に彼女は自分でこのポジションを作っているのかもしれません。でも、こうしていろいろな方向から自分を見つめることで、それまで気づくことができなかった自分が、見えてくることがあります。これこそ、本当に必要なカウンセリングではないでしょうか。

事例検証2

母が私をコントロールしようとするのです

次のクライアントは、30代女性Cさんです。

彼女は小学四年生の頃に、突然、原因不明の脳の病気に襲われ、現在も左半身麻痺の障害を持っています。でも、今は毎日を明るく過ごしています。しかし、Cさんの中には、まだ自分のこんなところが嫌だな、と思う部分もあるということでした。

そんなCさんの状況を確認していくと、「お母さんの言動に腹が立つんです」という言葉が聞かれました。Cさん曰く、「母は、自分の価値観を大切にしている人なんです。そして、それに合わないとすぐに人を攻撃するんですよ。だから、よく私も母ともめるんです」と言われました。ということで、ここから現場検証を実施していきました。すると、Cさんの中に思い出されたのは、最近の出来事でした。

自分が食器を洗って片付けていたんです。すると、「いつも言っているのに、何で言うことを聞かないの」と怒りだすお母さん。何があったのかをくわしく確認していくと、Cさんは食器を洗った後、その洗った皿を大きさに関係なく重ねて置いていたそうです。すると、お母さんは、それが気に食わなかったようで、「大きい皿から小さい皿へと積んでいくのが常識でしょう。その方が見栄えもいいじゃない」と。

お母さんが言われるように、どうやらこの食器洗いについては、たしかにこれまでにも何度も言われてきたそうです。そして、Cさんの中にも、「たしかにそうだな」と思う部分もあります。でも、そのお母さんの声に従いたくないCさんがいるのです。だから、わざと皿をきちんと重ねなかったそうです。その後、Cさんは、「その通りにしたらいいというのは、わかるんです」と言いました。また、「でも、いつもいつもこう言われると、従いたくないという思いが浮かんでくるんです」と。

ここから、CさんのPFC分析シートを作っていきたいと思います。

Cさんは、今回PFC分析シートのカウンセリングを受けてみて、改めて、自分が障害を持った幼い頃から、「誰かに勝たなければならない」「何でもできるんだ」という思いがすごく強く、常に、頑張って生きてきたということを思い出しました。だからこそ、お母さんが心配して（できないと決めつけて）言ってくる一言一言に反抗し、自分はできるんだと証明しようとしていた。でも、今回このカウンセリングの、友人から相談されたら、何とアドバイスしますか？　という質問を考えたとき、お母さんもきっと不安がいっぱいあったんだろうな、と改めて思うことができ、自分の感情に振り回されるばかりではなく、お母さんの話をしっかりと聞いてみて、従ってみようかな、という気持ちが湧いてきたと話をしてくれました。

状況を書き出しましょう(いつ? どこで? 誰と? どんな出来事が?)

2週間ほど前、自宅で食器を洗っていたとき、突然、後ろから「いつも言っているのに、何で言うことを聞かないの」というお母さんの声が聞こえてきた。母は大きい皿から小さい皿へと重ねていきなさいと言っている。その方が見栄えがいいじゃない。そう言われると、そうだと思う部分もあるが、どうしても、そんな母親に従いたくないという思いが浮かんできてしまう。

自分の中で起こっている反応を書き出しましょう

感　情 ※強さを%で表示	身体反応	行動
悲しみ(60%) 恐　れ(70%) 怒　り(20%)	・ムカムカする。 ・麻痺が残る左腕がピクピクなる。	・言うとおりにしない。

A. 思考(どんなことを考えていましたか? ※感情に強く影響しているものに○をつける)

・お母さんと私は違う。　・私は忙しい(見栄えより、短時間)
・私には私のやり方がある。
・いつもお母さんは同じ(自分のスタンスを変えない)。
(・)お母さんは、私をコントロールしようとしている。

B. 反対思考(Aで選んだ考えと反対の考え方)

(・)お母さんは、私をコントロールしようとはしていない。

Aで選んだ考えと、Bの考えについて検討（ブレインストーミング）していきます

①Aの考えを持つことのメリットは？
・私も人並みにできるんだと、証明する機会を与えられている。
・お母さんに絶対負けないって思いが湧いてくる。

②Aの考えを持つことのデメリットは？
・お母さんがわかってくれないと思い悲しくなる。
・お母さんが怖いという恐れが湧いてくる。

③Aのように思う理由（事実のみ）は？
・お母さんは、いつも、自分のやることにダメ出ししてくる。
※よく考えるといつもではない。

④Bのように思う理由(事実のみ)は？
・自分が選んだ洋服をよくほめてくれる。
・仕事をしている自分を認めてくれる。
・昔とずいぶん変わった(成長した)と認めてくれている。

⑤○○だったら、どのように対処するだろうか？(友人、尊敬する人、神様だったら……など)
もし、自分が神様だったら、お母さんが言うことに対していちいち反応せず、わかったわかったと笑顔で従うことができる。

⑥友人から相談されたら、何とアドバイスしますか？
お母さんも、寂しくて不安なんじゃないかな。話を聞いてあげたらいいよ。そして、自分のやりたいことは、自由にやったらいいよ。お母さんと仲良くしながら伝えてあげて。

⑦③と④を「しかし」で繋ぎ、新しい考えを作ってみる
お母さんは、いつも、自分のやることに対してダメ出ししてくると思っていたが、しかし、実際は、自分が選んだ洋服をほめてくれたり、仕事をしている自分を認めてくれたり、昔とずいぶん変わった(成長した)と認めてくれている。

⑧左記のように考えたときの感情の強さの変化（%）
（新しい感情があれば、それも書き出す）
悲しみ（60%）→（30%）
恐　れ（70%）→（20%）
怒　り（20%）→（5%）

また、こんな話をしながら、「ひとつ思い出したんですが、根本の原因がわかったような気がします」とCさんは言われたのです。

というのが、Cさんの頭の中にふと、学校に行きたくないのに、その気持ちは無視されて、「ハイハイ、いってらっしゃい」と、無理やり学校に行かされたときのシーンがよみがえり、同時に、悲しい気持ちと怖いという気持ちが浮かび上がってきたのです。幼い頃に、自分の気持ちは完全に無視されてしまった。思う通りにならなかった。ここが、反発の源泉だったような気がしますと言いながらも、今、そのときのお母さんの気持ちを考えてみると、障害を持った自分に対して、何があっても困らないように、一人前に育ってほしいという気持ちがあったんだろうなと、大きな感謝の気持ちが湧いてきたそうです。

今回もカウンセリングを行なっていて、設問一つひとつを考えるとき、Cさんのいろいろな思いが湧いてきました。ふだんは考えないような視点から見ることで、自分の視界が大きく広がったようでした。

事例検証3

夫から、離婚してくれと言われています

次のクライアントは、20代女性のDさんです。

彼女は、もうすぐ結婚して丸2年。本来なら、幸せ絶頂の頃かもしれませんが、結婚1年後の最初の結婚記念日に、ご主人に「離婚したい」と言われたそうです。あれから、もうすぐ1年、今年に入って、1月にまた「離婚したい」と言われました。でも、そういうだけで、理由も言わないし、具体的に進める気配もない。Dさんの中では、離婚したくない、という思いがありました。だから、「また言われたらどうしよう……」と、いつも不安を抱えながら生活していたのです。

しかし、よく聞くと、実は、結婚する2カ月ほど前、彼と大喧嘩をしたことがあったそうです。そして、その頃は、彼女の方が「結婚をやめたい」と思っていました。でも、いろいろな状況から結婚をやめられず、結婚するしかないと結婚に踏み切りました。でも、結婚後も喧嘩は続き、Dさんはずっと「離婚したい」と思っていたそうです。

でも、結婚して半年ぐらいした頃、（Dさんは職場結婚で、結婚後も同じ職場で働いていた

のですが）仕事を辞めることになったそうです。仕事を辞めて、いろいろ考える時間ができたとき、冷静に自分を見つめ直したそうです。すると、ずっと別れたいと思っていたけど、それは、本意ではないかもしれないと思うようになりました。

でも、それから半年後、今度は、逆にご主人の方から離婚を突きつけられてしまったのです。それから、不安な毎日が始まりました。

そして、つい最近、またご主人に離婚を突きつけられてしまったのです。今度は、離婚したい理由も言ってきたし、期限まで区切られたそうです。でも、別れたくない。

「どうして別れたくないのですか？」と、僕がそう聞くと、離婚を切り出されて1年。いろいろ考えていくと、なぜ離婚したくないのかが自分にもわからなくなってしまっているようでした。彼のことが本当に好きなのか？　それとも、他に離婚したくない理由があるのか？

ということで、今回は、ＰＦＣ分析シートで、最近、離婚を突きつけられたその瞬間を見ていきました。

状況を書き出しましょう(いつ？ どこで？ 誰と？ どんな出来事が？)

8月のある日、疲れて帰ってきてソファーでうたた寝をしていると、ご主人がそばに来て、ちょっと話があるから聞いてと言われた。そして、改めて「離婚したい」と。でも、彼女はその日はヘトヘトになっており、「また今度にして」そうお願いしたそうです。そして、その2日後、リビングで改めてその話を聞くことになった。でも、黙って聞いていると、つい反論や言い訳をしたくなってしまうので（それをすると彼が本音を言わなくなってしまうので)、今回は、インタビュー形式で話を聞くようにしたのです。すると、そこで「9月には離婚届を出そう」と、初めて具体的に離婚の日付を言われてしまった。

自分の中で起こっている反応を書き出しましょう

感　情	身体反応	行動
※強さを％で表示 悲しみ（0%） 恐　れ（12%） 怒　り（0%）	・みぞおちが痛い ・苦しい、ザワザワする	もういいや、という気になった（また言われたらどうしようと試行錯誤していたけど、意味がないことがわかり、肩の荷が下りた気がした)。

A. 思考（どんなことを考えていましたか？　※感情に強く影響しているものに〇をつける）

・彼の話をちゃんと聞こう。言い訳をしたくなった（それは誤解だと)。
・自分から余計な事を言わないで、彼がちゃんと話ができる状況を作ろう。・離婚したくない。
〇・離婚して、次に再婚するまでの労力が嫌。

B. 反対思考（Aで選んだ考えと反対の考え方）

〇・再婚するまでの労力も嫌ではない。

Aで選んだ考えと、Bの考えについて検討（ブレインストーミング）していきます

①Aの考えを持つことのメリットは？ ・離婚したくないと思える。 ・自分の本心に気づかないでいい。 ・自覚はないけど、本心ではご主人のことを嫌っていて、でも、Aの考えを持つことで、それをごまかすことができる。	**②Aの考えを持つことのデメリットは？** ・考えると苦しくなる。
③Aのように思う理由(事実のみ)は？ ・また仕事をするのが嫌だ。 ・今の生活がベスト（パートでちょっとだけ仕事をしている）。 ・また必死になって働かなくてはならない。 ・子供がいっぱい欲しい。	**④Bのように思う理由（事実のみ）は？** …… 理由が出てこない。
⑤〇〇だったら、どのように対処するだろうか？(友人、尊敬する人、神様だったら……など) ・きっと、私の友達だったら離婚しないと思う（離婚を突きつけられている現実を忘れているような回答だった）。	**⑥友人から相談されたら、何とアドバイスしますか？** …… アドバイスが出てこない。
⑦③と④を「しかし」で繋ぎ、新しい考えを作ってみる ・新しい考えが出てこない。	**⑧左記のように考えたときの感情の強さの変化（%）（新しい感情があれば、それも書き出す）** 悲しみ（0%）→（　%） 恐　れ（12%）→（　%） 怒　り（0%）→（　%）

今回、ＰＦＣ分析シートを作っていきましたが、この設問にしたがって進めていっても、新しい思考という形が作れませんでした。実は、最初の方で、感情を聞いたとき、悲しみ０％、恐れ12％、怒り０％という回答でした。「ということは、このことであまり悩んでいないのですか？」と、私がそう聞くと、どうやらそうではない様子。Ｄさんの言葉の中に、「感情にふたをしている」という言葉が何度も出てきたのです。

なぜ、離婚したくないのか？　今回の相談を受けていて、彼女の中でその答えが見つかっていないようでした。Ｄさんは、何度も「自分の気持ちがわからない」という言葉を繰り返していたのです。だから、自分の方針が定まらず、そこで不安が湧いてくる。

そこで、なぜ離婚したくないのか？　どんなことでもいいからどんどん思いつく理由をあげてもらいました。すると、Ｄさんから出てきた言葉は、「バツイチになりたくない」「お金稼ぐのがめんどうくさそう」「引っ越しするのが嫌だ」「子供が欲しいので、また結婚しなければならないが、そこまでの過程に時間がかかり面倒だ」、そして最後に、「彼と一緒に生きていきたい」と言われたのです。

聞いていて、本当に彼のことを愛しているのだろうか？　彼女の言葉を聞いている限り、そうは思えませんでした。でも、結婚している今の生活には、満足しているようでした。彼女が離婚したくないのは、本当にそれだけの理由なのでしょうか？

さらに、話を続けていくと、離婚を突きつけられて1年、Ｄさんは、ほとんどご主人と話をしていないと言われました。普通に生活して、一緒に笑いながらテレビを見ることもあるけれど、でも、話をすると、離婚の話になりそうで……。そんな話をしているとき、ふと、ご主人との楽しい思い出が彼女の中によみがえってきたのです。するとその瞬間、Dさんの目から大粒の涙があふれだしました。「離婚したくない……」という言葉と同時に、彼女の中で本当にご主人のことを愛しているんだ。そんな思いがよみがえったのです。彼女は、結婚前から、いろいろなことがあり、彼女の本当の気持ちにずっとふたをしたまま生きてきていたのです。

でも、こうして、いろいろな方向から自分を見つめ直したところ、そのふたを開くことができたのです。Dさんは、これまで自分の本当の気持ちを自分でも気づかずに過ごしていました。だから、当然、ご主人にもそれは伝わっていませんでした。

「もう一度、きちんと自分の気持ちを伝えてみます」。Dさんは、最後に僕にそう約束してくれました。

今回は、PFC分析シートの形がきちんとできなかったカウンセリングでした。でも、Dさんの中では、ものすごくたくさんの気づきがあったそうです。そして、そのことにすごく感謝しておられました。この気づきを行動に繋げていく。そんな決断までしていただいたのです。

カウンセリングは、本来、決まった形があるわけではありません。人の心はそんなに簡単なものではないのです。だから、クライアントを信じて、ただただ、いろいろな方向から話を聞いていく。あとは、クライアント自身が、そこで答えを見つけてくれるのです。

この章では、ＰＦＣ分析シートを使ったカウンセリングの事例をいくつか紹介しました。カウンセリングをしていくと、この最後の事例のように、この形が完成しないこともたくさんあります。でも、忘れないでいただきたいのが、カウンセリングはＰＦＣ分析シートを作るために行なうものではないということです。

クライアントが、ふだん気づくことのない潜在意識の領域に踏み込んでいき、無意識を意識化していく。それができたとき、クライアントは自分でしっかりと前に進めるようになるのです。

ということで、まずは自分自身で、このＰＦＣ分析シートを作ってみてください。自分の悩みを掘り下げていき、自分で自分を癒す。これができたとき、あなたのパワーが今の何倍にも大きくなっていくのです。

9章

カウンセラーに求められるもの

カウンセラーにとって一番大事なもの（何のために生まれてきたのか？）

さて、ここまでカウンセリングの理論ややり方についていろいろ書いてきました。

私は、ここまで書いてきたことを実践していけば、必ず素晴らしいカウンセリングができると思っています。だからぜひ、今日からでもカウンセリングを始めてもらいたいと思います。でも、そうは言っても……と、ひょっとするとまだ前に進めない自分が出てくるかもしれませんが、そんな思いが湧いてくるということは、まだ、意識のベクトルが自分に向いているということです。「失敗したらどうしよう」「文句を言われたらどうしよう」。そんな思いが自分にブレーキをかけている。これは、やはり自分の潜在意識の中にある過去の経験で学んだ思いが自分を守ろうと必死で頑張っている証拠なのですが、この思いに従っていたのでは、自分を変えることはできません。でも、本当にそれでいいのでしょうか？

さて、ちょっと話が変わりますが、私たちは何のために生まれてきたのでしょうか？

あなたはそんなことを考えたことがありますか？　私は正直に言うと、幼い頃はそんなこと考えたこともありませんでした。そんなことを思いもせず、ただただ、毎日を楽しんでいたように思います。でも、大人になるにしたがって、だんだんいろんなことが窮屈になり、人生を楽しめなくなっていったのです。そして、その頃から、何で生まれてきたんだろう？　よくそう考えるようになったのです。

でも、いくら考えても答えはなかなか見つかりませんでした。

そんなある日、私はテレビを見ていました。平成の子供の兄弟、お兄ちゃんと妹二人がタイムスリップをするというドラマです。普通に電車に乗って兄弟でどこかに行っていたとき、突然、二人がタイムスリップする。そんな話だったと思います。

そして、たどり着いた時代は、昭和のはじめ、あの戦時中だったのです。

スマホを片手にうろうろする二人。「ここも電波が届かない……」。まさか自分がタイムスリップしているとは気づきもせず、そうやってさまよっていたのです。

平成の時代に生まれ、都会に育った二人が、戦時中の田舎にタイムスリップしてしまう。

その後二人は、いろいろ大変な思いをして、だんだん昭和の子供になっていったのです。

そんなとき、ある一人の予科練生に出会いました。この兄弟に優しく接してくれるその男性。でも、ある日、彼は特攻隊として出撃することになったのです。

平成の時代から来た主人公の男の子には、それがどういうことなのか、ちゃんとわかっていました。平成の学校で学んだことのある特攻隊。今、自分にとって大切な人が、その特攻隊として飛び立とうとしている。そのとき、この男の子は、その予科練生に、「そんな無駄なことはやめてくれ」。そう言って、必死に止めようとしました。「そんなことやったって意味がない」。戦争の結末を知っているこの男の子にとってみれば、それが無駄なこととしか思えなかったのです。

でも、そのとき、その特攻隊の彼は、この男の子に一言。「人生に無駄なことなんてないんだよ」と言ったのです。

それを、聞いていて、私は、ハッとしたのです。これまでにない感覚でした。

私たちは、何のために生まれてきたのか？　その答えが、この「人生に無駄なことなんてないんだよ」の一言に凝縮されているように感じたのです。

私は今、いろいろな方とカウンセリングを通してお話していますが、その時々で、いろいろな心理療法を使ってカウンセリングを進めていきます。その中のひとつに、「前世療法」と言われるものがあります。この前世療法とは、自分の前世を思い出すことで、今世の生き方が変わってくるという心理療法なのですが、ここでは、私たちは何度も人生を繰り返しているという前提でセッションを進めていきます。人間の体は、いつか必ず滅んでしまいますが、私たちの魂は生き続け、何度も何度も生まれ変わっているという考え方です。

その考え方が正しいかどうかはわかりませんが、でも、仮にそれが本当だとしたら、何のために、何度も生まれ変わるのでしょうか？　実は、前世療法では、私たちは「体験するために生まれてくる」と言われています。体のない魂という存在のままでは、この三次元の世界での体験ができない。だから、体というものを作り、そこに魂を入れ込んで、いろいろな体験をしていく。このいろいろな体験を積むことで、私たちの魂は磨かれていくのです。

ドラマの中の「人生に無駄なことなんてないんだよ」の言葉にハッとしたと言いました。もちろん、特攻隊や戦争を肯定するものではありませんが、体験するために生まれてきたと考えると、すべての出来事が魂の成長につながるのではないかと思うのです。

これから、カウンセラーとして活動を進めていくとき、きっといろいろな思いが湧いてくると思います。それこそ、失敗したらどうしよう。文句を言われたらどうしよう。そんな考えも浮かんでくるはずです。

でも、そのとき、思い出して欲しいのです。私たちは何のために生まれてきたのか？

そう、私たちは、「体験するために」生まれてきたのです。体験することに成功も失敗もありません。すべてが魂の成長へとつながっています。

あなたが、新しいことにチャレンジして、思うようにいかずに苦しいと感じているとき、きっとあなたの魂は喜んでいます。でも、逆に、失敗を恐れ、いつもと変わらない毎日を送っているとしたら、あなたの魂は何を感じているのでしょうか？

新しいことにチャレンジすることは、誰だって怖いと思います。でも、その機会に恵まれたということは、あなたは選ばれてそこにいるということなのです。だから、失敗を恐れずに、一歩を進めてもらいたい。そして、苦しくなったら、「あー、今きっと魂が喜んでいるな」と笑顔になってみてください。それができた瞬間、きっとこれまでには感じたこともないようなパワーがあなたの中に湧いてきます。魂が応援してくれるのです。

最後に

さて、いよいよ最後になりました。ここまで読んでいただきありがとうございました。

読んでみていかがでしょうか？　カウンセラーとしてこれから活躍していけそうですか？

私はあなた自身の経験を活かし、自分を信じて一歩ずつ歩みを進めていけば、必ず、たくさんの人の役に立つカウンセラーになれると思っています。

でも、はっきり言うと、このカウンセラーという道は、まだまだ、厳しいのが現状です。

幼い頃、歯が痛いと苦しんでいるあなたを見て、お母さんは何と言ってくれましたか？　きっと、「歯医者さんに行ってきなさい」と言われたのではありませんか？

なぜ、お母さんはそう言ったのでしょうか？　当然のことですが、歯医者さんに行けば、歯が痛いのを治してくれることを知っているからです。

でも、どうでしょうか？　あなたはお母さんに「カウンセリングを受けてきなさい」と言われたことありますか？　きっとないのではないでしょうか。

それが、今の日本のカウンセリング事情を表わしています。カウンセリングを受けるとどうなるのか？　多くの方が、それを知りません。というか、逆に、あまりいい印象を持っていないのではないでしょうか？　カウンセリングは、病んだ人が受けるもので、自分とはまったく関係のない世界。そんなイメージを抱いている人が多いように思います。

でも、それは、事実なのでしょうか？　たしかに、最近は、うつ病やパニック障害など精神的な病気で苦しんでいる人も多く、いろいろなところで心療内科を見かけるようになりました。そして、カウンセリング自体も10年前と比べるとずいぶん認知されてきたと思います。

でも、病気になってからカウンセリングを受けても、すぐに治るわけではありません。いったん病気になってしまうと、どうしても回復するまでに時間がかかってしまいます。だから、本当はもっと早くカウンセリングを受けていただきたいのです。

私は、カウンセリングは病気になった人が受けるものではなくて、普通に生活している人が、自分のメンテナンスのために受けるものだと考えています。

子供が学校から帰ってきて「ハーッ」とため息をついている。何だかいつもと様子が違う。そんなときに、「どうしたの？　カウンセリングに行っておいで」。普通にそんな会話ができたら……。「先生、また遊びに来たよ」という感覚で、カウンセリングを受けられるようになったら……。きっと、もっともっと日本がよくなるように思うのです。

この小さな国日本。小さな島国だからこそ、昔から、私たちのご先祖さまは、社会というものを大切にしてきました。周りの人を思いやり、人と違うことをすることは恥ずかしいものであるという文化の中で、私たちは生きてきたのです。でも、今は、グローバル化が進み、いろいろな分野が地球規模で動いていかなければならない時代になってきました。だからこそ、今の日本人は、みんなが、大きなストレスの中で生きているのです。

カウンセリングを受けることは、少しも恥ずかしいことではありません。悩みを持つことも当たり前のことなのです。そんなとき、一人で考え込まないで、気軽に誰もがカウンセリングを受けられるような社会を作りたい。今、私はそう思っています。そのために私は、やはりもっともっとカウンセラーを増やす必要があると思っています。

これを読んでいるあなた自身が、カウンセラーとして、「私のカウンセリングを受けると、こうなることができますよ」と、しっかりと発信していく。そんなカウンセラーが増えていくことで、歯痛と同じように、この状況だったらカウンセリングだよね、と誰もがイメージできるようになってくると思うのです。

あなたは、今こうしてカウンセリングと出会い、カウンセリングのスキルをマスターしたいという思いを持ちました。だからこそ、この本を手に取られたのだと思います。きっと、ここに来るまでに、あなたはいろいろな経験をされてきたのだと思います。そして、ここにたどり着いた。私も、なぜ自分はカウンセラーをやっているのだろう、と思うことが今でもあるのですが、きっと、これは私が選ばれたのだからだと思っています。

カウンセラーとして、誰かの役に立ちなさい。そういう使命が、私にもあなたにも降りてきたのです。であれば、もう何も迷うことはありません。間違いなく、今の日本にはカウンセラーが必要なのです。だから、安心して前に進んでいきましょう。あなたを待っているクライアントがこの日本には必ずいます。あなたが、本気で進むことを待っているのです。

著者略歴

今泉智樹（いまいずみ　ともき）

一般社団法人日本こころカウンセリング協会代表理事、心理カウンセラー。

1968年、佐賀県生まれ。高校、大学と体育会のラグビー部に所属し、1992年中央大学を卒業。同年、福岡を本拠地とする地方銀行に入社。福岡、大阪、長崎等、さまざまな営業店を経験する。その他、2年間プロジェクトマネージャーとして独立行政法人への出向や銀行の組合執行部に専従として在籍していた時期もある。

銀行在職中に、自身がパニック障害を経験。それをきっかけに、ヒプノセラピーという心理療法に出会い、パニック障害を克服。その後、18年間勤務した銀行を退職し、心理カウンセラーとしての活動を開始する。

心理学を学んで十数年、1000名以上のクライアントの悩みに寄り添う中で、心理カウンセリングの必要性を実感。現在は、ヒプノセラピーを専門に、とくに「自分に自信がない」というクライアントの自信を取り戻すカウンセリングには定評がある。

カウンセリングは病んだ人が受けるものという誤解を解き、自分のメンテナンスのためにカウンセリングを受ける、そんな日本を作ることが現在の目標。

クライアントの信頼を深め 心を開かせる
カウンセリングの技術

平成29年5月25日　初版発行

著　者 ―― 今泉智樹

発行者 ―― 中島治久

発行所 ―― 同文舘出版株式会社

東京都千代田区神田神保町1-41　〒101-0051
電話　営業03（3294）1801　編集03（3294）1802
振替00100-8-42935
http://www.dobunkan.co.jp/

ISBN978-4-495-53661-9
印刷／製本：三美印刷
Printed in Japan 2017